HEYNE FILMBIBLIOTHEK

W0085504

Jürgen Seibold

LEONARDO DiCAPRIO

Der romantische Held

Originalausgabe

WILHELM HEYNE VERLAG
MÜNCHEN

HEYNE FILMBIBLIOTHEK
Nr. 32/266

Herausgeber: Bernhard Matt
Redaktion: Rolf Thissen

BILDNACHWEIS

Deutsche Presse-Agentur/PA Jordan 11, P. A. 13, Warner Bros. 17,
Jerzy Dabrowski 73, P. A. Stillwell 97, PA Jordan 99, Ipol Addario 107
Archiv Interfoto 9, 14, 21, 22, 23, 24, 25, 27, 28, 29, 31, 34, 35, 36, 37, 39, 41, 43,
45, 47, 49, 51, 55, 57, 60, 63, 65, 67, 78, 79, 81, 83, 85, 86

ISBN 3-453-14579-8

Inhalt

Vorwort

Die Wertschätzung für einzelne Schauspieler kann auf seltsame Weise beginnen – es kann einen sozusagen auf die unterschiedlichste Art und Weise »erwischen«. Für Joachim Król zum Beispiel, als er sich vor ein paar Jahren neben Nina Petri in dem seltsam versponnenen Kammerstück DIE TÖDLICHE MARIA in einen kauzigen Bücherwurm verwandelte. Für Meryl Streep zum Beispiel erst mit einiger Verspätung, als sie im Pennerdrama WOLFSMILCH neben Jack Nicholson und Tom Waits desillusioniert den Rinnstein entlangwankt. Ja, auch für Arnold Schwarzenegger, wenn er sich für eine Komödie wie KINDERGARTEN COP grinsend als gelungene Parodie auf sein Muskelprotzimage vor die Kamera stellt – und damit beweist, daß er sich weit weniger ernst nimmt als die meisten seiner Kritiker.

Der Name des Schauspielers Leonardo DiCaprio ist für viele seit 1993 untrennbar mit seinem Auftritt in der melancholischen Komödie GILBERT GRAPE – IRGENDWO IN IOWA verbunden: Der damals 19jährige glänzte so eindrucksvoll als behinderter Bruder von Titelheld Johnny Depp, daß sich die meisten Zuschauer wahrscheinlich nicht fragten, wie er den Behinderten so authentisch darstellen konnte, sondern sich wunderten, daß dieser vermeintlich behinderte Darsteller so unverkrampft vor der Kamera agierte.

Inzwischen ist aus dem talentierten »Behinderten« ein allseits hofierter Hollywood-Star geworden, der sich die eine oder andere Allüre leistet und nun schon mit eher durchschnittlichen darstellerischen Leistungen Lobeshymnen provoziert. Die Dollarmillionen, die Skandälchen und die zahlreichen Fans in aller Welt seien ihm von Herzen gegönnt – solange er über Blockbustern wie TITANIC nicht vergißt, weiter an seiner wirklich außergewöhnlichen Begabung als Schauspieler zu arbeiten.

Zumindest in Interviews wird er nicht müde zu beteuern, daß

ihm der Ruhm als Hollywood-Star herzlich schnuppe ist: »Darum ging es mir nie. Ehrlich. Ich habe immer davon geträumt, Filme zu machen – als es dann tatsächlich passiert ist, war ich schon ziemlich von der Rolle. Die Schauspielerei ist viel, viel härter, als ich sie mir vorgestellt habe. Aber ich versuche cool zu bleiben.« Und ein anderes Mal fügte er noch hinzu: »Ich möchte, daß man sich an meine Arbeit erinnert und nicht, daß ich mal der ›Typ des Monats‹ war.«

Das klingt vielversprechend. Da scheint – aller gelegentlichen Eskapaden zum Trotz – ein überaus talentierter junger Schauspieler zum eher selbstbewußten als selbstverliebten Künstler zu reifen. Es wäre ihm (und all seinen Fans) zu gönnen, daß sie ein Happy-End findet: die Leonardo-DiCaprio-Story …

Leonardo da Vinci als Inspiration – Robert De Niro als Mentor

Jugend in Hollywood

Angeblich soll Leonardo DiCaprio seinen Vornamen einem berühmten Künstler verdanken. Seine Eltern, so erzählte er einmal, hätten ihre Flitterwochen in Italien verbracht. Und als sie in den Uffizien von Florenz vor einem Gemälde Leo-

Benannt nach einem berühmten Künstler: Leonardo im Alter von 20 Jahren

nardo da Vincis standen, habe im Bauch der schwangeren Ehefrau zum erstenmal das ungeborene Kind gestrampelt. Helene, seine Großmutter mütterlicherseits, bestätigte die Geschichte inzwischen: »Seinen Namen hat er tatsächlich noch vor seiner Geburt bekommen. Meine Tochter war hochschwanger und schaute sich in einem Museum gerade ein Leonardo-da-Vinci-Gemälde an. In diesem Moment strampelte Leo in ihrem Bauch so stark, daß Irmelin beschloß, ihren Sohn nach dem berühmten Maler zu benennen.«

Leonardo Wilhelm DiCaprio, geboren am 11. November 1974 in Los Angeles, wuchs mit großen Freiheiten auf, weil seine Eltern – überzeugte Hippies – mit ihrem Sohn einige der Ideale umsetzen wollten, für die sie sich als Blumenkinder begeistert hatten. Vielleicht spielte für die lockere und weltoffene Erziehung des Jungen auch die Tatsache eine Rolle, daß sein Stammbaum seine Wurzeln in Europa hatte. Vater George DiCaprio ist italienischer Abstammung, die Eltern von Mutter Irmelin stammen aus dem Ort Oer-Erkenschwick in der Nähe von Recklinghausen. »Dort lebt meine Oma«, verrät Leonardo – der Großvater (ihm verdankt er seinen zweiten Vornamen Wilhelm) starb 1993.

»Ich muß schon sagen, die deutschen Kids gefallen mir. Ich spiele ihnen ein bißchen den kleinen Mr. USA vor, und im Gegenzug bringen sie mir Redensarten und Schimpfwörter bei.« Nach seinem Durchbruch als Schauspieler hatte der unverkrampfte Umgang mit den deutschen Kids, die inzwischen zu seinen Fans geworden waren, ein Ende. Dafür gab es andere Dinge, die Leonardo an den Besuchen in Old Germany nach wie vor schätzte: »Meine Oma Helene ist 83 Jahre alt und macht super Sauerkraut mit Kartoffelpuffern. Ich war als Kind oft in Deutschland und habe sogar bei einem Breakdance-Wettbewerb in Recklinghausen den zweiten Platz gemacht.«

Die gute Beziehung zu Eltern und Großeltern half ihm auch über ein Handicap hinweg, denn als Wohnort hatte sich die Familie DiCaprio ausgerechnet das Zentrum von Hollywood

Bei der königlichen Premiere des Films DER MANN IN DER EISERNEN MASKE im März 1998 in London scherzt Leo mit seiner 83jährigen Großmutter Helene

ausgesucht, in dem es von Prostituierten und Drogensüchtigen nur so wimmelte. »Meine Eltern wohnten mitten in Hollywood, weil sie geglaubt haben, daß dort all das phantastische Zeug Hollywoods passiert«, erinnert sich Leonardo. »Dabei war es der ekelhafteste Ort, den man sich vorstellen kann.«

Seine Eltern ließen sich zwar scheiden, als er gerade mal neun Jahre alt war – doch Leonardo mußte dennoch weder auf den Vater noch auf die Mutter verzichten: Sie blieben auch nach der Scheidung gute Freunde. Leonardo: »Durch die zweite Ehe meines Vaters kam ich zu meinem Stiefbruder Adam.« Leonardo lebte bei seiner Mutter, doch sie kümmerte sich gemeinsam mit seinem Vater um die Erziehung des Sohnes. Die beiden wohnten in Hollywood nur wenige Häuser voneinander entfernt.

Allerdings hatte der Teil von Hollywood, in dem Leonardo DiCaprio aufwuchs, wenig mit dem Bild gemein, das sich Kinofans meistens von der »Filmhauptstadt der Welt« machen (eigentlich ist sie nur ein Stadtteil der Millionenmetropole Los Angeles). »Vor unserer Haustür«, erinnerte er sich einmal in einem Interview, »wimmelte es nur so von Prostituierten, Drogensüchtigen und Strichern. Ich mußte nur um die Ecke gehen, um einen Typen zu sehen, der Heroinspritzen und Crack-Flaschen unter dem Trenchcoat trug.«

DiCaprios Eltern schafften es dennoch, ihren Jungen einigermaßen behütet aufwachsen zu lassen, ohne ihn dabei jedoch zu gängeln. Und sie weckten früh sein Interesse für die unterschiedlichsten Kunstformen, schleppten ihn ins Museum, lasen ihm vor oder begeisterten ihn für Filme.

Das interessierte ihn ohnehin mehr als das meiste, was ihm seine Lehrer in der Schule beibringen wollten: Dort war Leonardo eine ziemliche Niete, vor allem in Mathematik war er meist nur körperlich anwesend. »Um Gottes willen, die Schule!« erinnerte er sich einmal mit Schaudern. »In dieser Zeit war ich oft ziemlich frustriert. Es hat mir einfach keinen Spaß gemacht, in dieser Umgebung etwas zu lernen. Vieles war so öde, langweilig und uninteressant. Ich konnte überhaupt nicht stillsitzen, und meine Hausaufgaben habe ich entweder gar nicht oder nur sehr widerwillig gemacht. Überhaupt konnte ich mich noch nie auf Sachen konzentrieren, die mich nicht interessieren.«

Daß der kleine Leo nicht besonders glücklich war, während

er die Schulbank drücken »durfte«, war ihm offenbar mühelos anzusehen. »Er war dünn und sah immer so aus, als würde er gleich anfangen zu heulen«, verriet Susanna Mejia einmal – sie war mit Leonardo eine Zeitlang in derselben Klasse gewesen. Er selbst erinnert sich eher an ein anderes Bild, das sich seine Mitschüler vom ihm machten. »Für meine Schulkameraden war ich der Klassenclown«, erzählte Leonardo einmal. »Um beliebt zu werden, machte ich eine Menge Witze und kasperte viel herum. Ich war überall als der verrückte kleine Junge bekannt. Ich ahmte alle nach. Sprache, Gesten, Gesichtsausdrücke. Auf die Dauer kotzte es mich aber an, immer den Klassenclown zu spielen. Ich wollte kein Komiker sein, nur um anderen Leuten zu gefallen. Mein Vater George hatte mir eingetrichtert, nicht schüchtern zu sein. Ich imitierte immer Leute, die ich gerade getroffen hatte und interessant

Bei der königlichen Filmvorführung des Films TITANIC *im November 1997 erscheint Leo in Begleitung seiner Mutter Irmelin*

»Das kannst du auch« – Leonardo 1993 in dem Film GILBERT GRAPE

fand. Mein Stiefbruder war bereits ein Schauspieler und vermittelte mir ein paar kleine Rollen.«

Adam hatte Leonardo wohl auch aus anderen Gründen Lust auf eine Karriere vor der Kamera gemacht. Für eine seiner Rollen soll Leonardos Stiefbruder 50.000 Dollar Gage bekommen haben. Leonardos Reaktion: »So viel Geld für so wenig Arbeit – das will ich auch!« Später gab er in einem Interview dann auch lachend zu: »Der Grund für meinen Wunsch, Schauspieler zu werden, war der pure Neid! Ich habe gesehen, wie mein älterer Bruder mit Werbespots viel Geld verdient hat. Da habe ich mir gedacht: Das kannst du auch – und zwar besser.«

Start mit Werbespots

Zunächst war der hoffnungsvolle Jungdarsteller nur in Werbespots zu sehen, doch bald kamen auch Lehrfilme dazu, in denen es um Verkehrssicherheit (MICKEY'S SAFETY CLUB) und um Drogen (HOW TO DEAL WITH A PARENT WHO TAKES DRUGS) ging. »Ich habe etwa 30, 40 Werbespots gemacht«, erzählt er. In einer »richtigen« Rolle feierte er seine Premiere im Fernsehen mit einem Auftritt in zwei Episoden des TV-Dauerbrenners LASSIE. Danach wurde er für in den USA recht erfolgreiche Serien wie SANTA BARBARA, THE OUTSIDERS und im Comedy-Hit ROSEANNE engagiert.

Nun war sein Ruf in der Branche so solide geworden, daß ihm größere Rollen angeboten wurden. Er spielte in der Comedy-Reihe PARENTHOOD mit, und schließlich erlangte er in der Serie GROWING PAINS (deutscher Titel: UNSER LAUTES HEIM) als obdachloser Luke im Herbst 1991 landesweite Berühmtheit. »Da war ich in der elften Klasse, und ab der zwölften Klasse bekam ich dann Privatunterricht. Ich drehte 24 Folgen von GROWING PAINS – und dann bewarb ich mich für die Rolle in THIS BOY'S LIFE.«

In dieser kleinen Aufzählung fehlt allerdings das tatsächliche Kinodebüt von DiCaprio – ein Film, den er wohl gerne unter den Tisch kehren würde. Und tatsächlich weckte sein Kinodebüt 1991 nicht gerade große Hoffnungen, daß mit diesem Streifen ein kommender Superstar seine Visitenkarte in der Filmszene abgegeben hatte. Ausgerechnet mit einer kleinen Rolle in der ziemlich abstrusen Horrorkomödie CRITTERS III gab er damals seinen Einstand auf der Leinwand.

Die Critters – beißwütige Monster und optisch eine Mischung aus Alf und Alien – trieben erstmals 1986 ihr Unwesen, meuchelten Menschen massenweise und machten damit recht ordentlich Kasse. 1988 kam ein zweiter Teil in die Kinos, der schon nicht mehr ganz so erfolgreich war. Teil drei schließlich entpuppte sich als ziemlicher Flop und beendete die CRITTERS-Reihe. Endlich, wie manche Kinofans meinten – denn vom rabenschwarzen, aber originellen Humor des ersten CRITTERS-Films war längst nicht mehr viel übrig.

Ein Jahr später ergatterte er eine Rolle in dem etwas besseren Gruselstreifen POISON IVY – TÖDLICHE UMARMUNG. Der Film bescherte Drew Barrymore ein Comeback, nachdem sie Jahre zuvor in der Rolle der kleinen blonden Freundin des Außerirdischen in E.T. berühmt geworden war. Doch während sich Drew Barrymore freute, daß sie für POISON IVY ein durchtriebenes Luder spielen durfte und damit ihr ungeliebtes Kinderimage abstreifen konnte, taugt der Film für eine Geschichte über Leonardo DiCaprios Karriere nur als Randnotiz. Die schauspielerische Leistung? Na ja: DiCaprio kommt kurz ins Bild, als er am Straßenrand sitzt und einen schwerverletzten Hund beobachtet, bis Drew Barrymore die Szene betritt und den Vierbeiner mit einer Eisenstange erschlägt – das reicht nicht recht für eine Bewertung. Und auch Leonardo DiCaprio wäre es offenbar am liebsten, wenn er seine Beteiligung an den beiden ersten Filmen einfach unter den Tisch kehren könnte. »Scheiße«, maulte er einmal in einem Interview, »warum weiß nur jeder davon!?«

Der erste Kinoerfolg

Immerhin machte Leonardo DiCaprio mit seinem dritten Auftritt in einem Spielfilm deutlich, daß er sehr wohl das Potential hatte, sich in der Kinobranche durchzusetzen. Mit dem Film THIS BOY'S LIFE schaffte Leonardo 1993 seinen Durchbruch auf der Leinwand – und das gleich an der Seite eines der wohl besten Schauspieler, die Amerika bis dahin hervorgebracht hatte: Robert De Niro.

Nach dem autobiographischen Roman des Englischprofessors Tobias Wolff wird hier die Geschichte einer schweren Jugend erzählt. Wir befinden uns in den späten 50er Jahren. Der freiheitsliebende Toby (Leonardo DiCaprio) zieht mit seiner verwitweten Mutter Caroline (Ellen Barkin aus SEA OF LOVE) seit Jahren durch die USA, und als die Mutter mit dem netten Dwight (Robert De Niro) endlich einen scheinbar passenden, wenn auch sehr schüchternen Mann kennenlernt, der ihr eine gesicherte und vor allem seßhafte Zukunft bieten kann, heiratet sie ihn.

Ausgewählt aus 400 Bewerbern: Leonardo 1993 in THIS BOY'S LIFE

Das Auftreten als »netter Mann« war allerdings nur eine Maske, mit der sich Dwight auf Freiersfüße begeben hatte – kaum im neuen Zuhause in einem Kaff im US-Bundesstaat Washington angekommen, stellt er seine drei Kinder aus erster Ehe vor und entpuppt sich als widerlicher Familiendespot. Daß der widerspenstige Toby und der herrschsüchtige Dwight schnell aneinandergeraten, liegt auf der Hand – daß diese Auseinandersetzung aber auch in schauspielerischer Hinsicht ausgefochten wird, macht den ansonsten recht nostalgischen und in manchen Sequenzen etwas unglücklich inszenierten Film erst richtig spannend. Zur Überraschung vieler Kritiker spielte der arrivierte Star De Niro den jungen DiCaprio nicht an die Wand – eher im Gegenteil: Gleich in seinem dritten Kinofilm konnte der damals erst 18jährige Leonardo der Schauspielerikone mindestens Paroli bieten.

Auch DiCaprio selbst war wohl ein wenig überrascht, wie gut er in dem »Duell« mit der Hollywood-Ikone abschnitt – und im nachhinein wurde ihm noch ganz mulmig bei dem Gedanken daran, auf welches schauspielerische Risiko er sich da eingelassen hatte: »Ich habe die Rolle bekommen, weil ich einfach reinging und es durchzog, ohne irgendwelchen Firlefanz. Mir war es egal, was De Niro dachte. Ich ging rein, sah ihm in die Augen und bekam die Rolle. Ich traute sie mir zu, obwohl ich so etwas noch nie zuvor gespielt hatte. Inzwischen ist mir klar, daß mein Selbstvertrauen auf Unwissenheit beruhte. Ich hatte ja keine Ahnung!«

Unter 400 Bewerbern war Leonardo für die Rolle des Toby ausgewählt worden. Vier Monate lang hatte das Filmteam in Los Angeles, New York, Florida, Chicago, Seattle, Toronto und Vancouver nach dem geeigneten Darsteller gesucht. Nach Abschluß der Dreharbeiten war Regisseur Michael Caton-Jones (DOC HOLLYWOOD, SCANDAL) fast außer sich vor Begeisterung über den jungen Mimen: »Leonardo ist der Fels, auf den dieser Film gebaut wurde.«

Leonardo DiCaprio wiederum war sich der Chance, die ihm der Film bot, sehr wohl bewußt: »Als ich anfing, hatte ich einfach Glück, daß man mich für Projekte haben wollte, die mehr Niveau hatten als die üblichen Popcorn-Movies. Irgendwann muß ich mich dann wohl mit dem Schauspielervirus infiziert haben. Plötzlich war mir das Geld nicht mehr so wichtig. Ich wollte nicht abzocken, sondern gut sein und mich als Schauspieler weiterentwickeln.«

Als Auslöser für diesen Ehrgeiz bezeichnete er später die Dreharbeiten zu THIS BOY'S LIFE und die Zusammenarbeit mit dem berühmten Kollegen Robert De Niro: »Ich war schon immer ein großer Fan von ihm, und mit einem so hochklassigen Schauspieler gemeinsam vor der Kamera zu stehen war ein echtes Schlüsselerlebnis für mich. Er ist im Laufe der Zeit so etwas wie ein Mentor für mich geworden.« Trotzdem: Die Arbeitsweise von De Niro sagt ihm nicht so sehr zu – schon früh war DiCaprio selbstbewußt genug, um seine eigene Schauspielmethode zu entwickeln. Einmal erklärte der junge Amerikaner den Unterschied zwischen seiner und Robert De Niros Arbeitsweise: »De Niro«, erklärte Leonardo, »schreibt über jede seiner Figuren komplette Romane, in denen er ihren imaginären Lebensweg niederlegt. Mehr Planung ist unmöglich. Ich bin hingegen besser, wenn ich beim Drehen spontan reagiere und vorher nicht so genau weiß, wie ich mich in einer Sequenz verhalten werde.«

Fast einen Oscar für Gilbert Grapes kleinen Bruder

»Nach meinem Auftritt in THIS BOY'S LIFE hat man mir sehr viel Geld für große Filmrollen angeboten«, sagt Leonardo DiCaprio. »Aber ich habe abgelehnt, weil große Rollen nicht immer die besten sind. Statt dessen nahm ich die Rolle in GILBERT GRAPE an.« Eine gute Entscheidung, wie sich bald herausstellen sollte.

In dem verlassenen Kaff Endora, irgendwo in Iowa gelegen, herrscht tote Hose. Nur zweimal im Jahr geschieht etwas, das zumindest zwei der Bewohner aus ihrem faden Alltagstrott reißt: Endora liegt in der Nähe einer Landstraße, über die jeden Sommer eine Karawane von Wohnwagen zu einem Feriengebiet zieht – und einige Wochen später wieder auf demselben Weg zurück. Dieses seltene Schauspiel wollen die Brüder Gilbert und Arnie Grape auf keinen Fall verpassen. Und als sie am Straßenrand hocken und die zahlreichen Wohnwagen durch den aufgewirbelten Staub beobachten, rollt eines der Vehikel mit einer Panne von der Fahrbahn.

»An Bord« sind Beckie und ihre reiselustige Großmutter. Gilbert und Arnie freunden sich mit den beiden an, Gilbert verliebt sich sogar in das hübsche Mädchen. Wie Beckie lernt auch der Zuschauer nun allmählich das Leben der Grapes kennen – die durch ihr beachtliches Übergewicht ans Wohnzimmersofa gefesselte Mutter; die ältere Schwester, die an ihrer Stelle die Mutterrolle übernommen hat; den vernünftigen und geduldigen Gilbert, der versucht, seinen Geschwistern den toten Vater zu ersetzen; und nicht zuletzt den geistig behinderten Arnie, der mit seinen manchmal gefährlichen Kapriolen das ganze Dorf in Atem hält.

Der Film und die Rolle des behinderten Arnie Grape – das war eine Herausforderung, der sich wahrscheinlich nicht alle Schauspieler gestellt hätten. Regisseur Lasse Hallström arbeitete auf eine Mischung aus Psychodrama und melancholischer Komödie hin, und diese Gratwanderung konnte ihm nur mit exzellenten Darstellern gelingen. Zumal die handelnden Personen der Geschichte und ihre skurrilen Lebensumstände eigentlich die Idealbesetzung für eine plumpe Situationsklamotte wären.

Doch Hallström und seine Schauspielercrew schafften es, selbst Szenen gelingen zu lassen, die sich im Drehbuch eher lächerlich angehört haben müssen. Ein besonders eindrucksvolles Beispiel bietet der optische »Showdown« des Films: Da erfährt die Mutter, daß der Sheriff ihren kleinen Arnie nach einem seiner aufregenden Ausflüge auf den Wasserturm des Städtchens zu dessen Sicherheit ins Gefängnis gesteckt hat. Nach einiger Überlegung wuchtet sie sich mit Hilfe ihrer Kinder aus dem Sofa, macht sich zum erstenmal seit acht Jahren

Gefährliche Kapriolen: GILBERT GRAPE – IRGENDWO IN IOWA

daran, das Haus zu verlassen, läßt sich für den schweren Gang zum Wagen stützen, der sich unter ihrem Gewicht auf dem Beifahrersitz prompt zur Seite neigt – und walzt schließlich wutschnaubend ins Büro des Sheriffs, der über den unerwarteten Besuch dann auch so verdutzt ist, daß er Arnie fast widerspruchslos wieder freiläßt. Wie es Hallström, Depp und all die anderen am Set schafften, diese eigentlich für einen Slapstick-Auftritt wie geschaffene Szene fast schon ernst wirken zu lassen, ist eher ein Rätsel – aber schon diese paar Minuten sind allemal Grund genug, vor dem Team von GILBERT GRAPE ganz tief den Hut zu ziehen.

Der amerikanische Schriftsteller Peter Hedges hatte das offenbar nicht anders erwartet. Von ihm stammt die Romanvorlage des Films WHAT'S EATING GILBERT GRAPE? Und als Lasse Hallström ihn nur wenige Tage nach der Veröffentli-

Mal fröhlich ...

chung des Romans anrief und ihn bat, die Geschichte verfilmen zu dürfen, hatte Hedges, wie er sich später erinnerte, von Anfang an ein gutes Gefühl.

»Das war für mich eine großartige Nachricht, denn Lasse Hallströms MEIN LEBEN ALS HUND ist einer meiner Lieblingsfilme«, schwärmt Hedges. »Mir war klar, daß Lasse diesen Charakteren eine große Menschlichkeit geben würde, wo andere sich vielleicht über sie lustig gemacht hätten. Schließlich trafen wir uns, und er meinte, daß die Person, die das Buch geschrieben hatte, am besten auch das Drehbuch verfassen sollte.«

Doch ein solches Drehbuch und die Anweisungen des Regisseurs müssen erst einmal vor der Kamera umgesetzt werden, und dafür lieferten praktisch alle Schauspieler eine ihrer be-

... mal traurig: Leonardo mit Johnny Depp in GILBERT GRAPE

sten darstellerischen Leistungen ab. Die Schauspielerin Darlene Cates (Mutter Grape) als stoisch an ihrem Schicksal leidender Fleischberg, Johnny Depp (Gilbert Grape) als genervtes Familienoberhaupt wider Willen, Juliette Lewis (Becky) als verhaschte Lebenskünstlerin – bis in die kleinste Nebenrolle hinein ist es ein Genuß, die Akteure dieses Films zu beobachten.

Doch in den Mittelpunkt der Aufmerksamkeit spielt sich zweifellos Leonardo DiCaprio als Gilberts spastisch behinderter Bruder Arnie Grape. Beeindruckend stilsicher spielt DiCaprio den Jugendlichen, der seine geistige und körperliche Behinderung stets authentisch verkörpert – und diese äußerst realistisch getragene Maske nicht einmal dann verrutschen läßt, wenn sich Arnie trotz aller Einschränkungen

Ein ungewöhnlicher Familienausflug: Szene aus WHAT'S EATING
GILBERT GRAPE?

darauf besinnt, daß er eigentlich ein ganz normaler, rebelli-
scher und unangepaßter Teenager sein möchte.

Die deutsche Synchronisation ist zwar gelungen, doch noch
mehr beeindruckt die amerikanische Originalfassung: Dort
wird obendrein noch deutlich, daß Leonardo DiCaprio auch
den Tonfall der behinderten Filmfigur trifft – ohne sie jemals
der Lächerlichkeit preiszugeben. Sogar Anflüge von Mitleid
fegt er mit seinem vitalen Auftritt mühelos beiseite, bis dieser
mal zornige, dann wieder anlehnungsbedürftige Jugendliche
Arnie dem Zuschauer völlig vertraut ist. Und bis die Behinderung wie eine ganz gewöhnliche Eigenschaft dieses Jungen
wirkt – dank Leonardo DiCaprio ist Arnie nach kurzer Zeit
auf so unspektakuläre Art Spastiker, wie andere Jungs eben
Sommersprossen haben.

Er schreibt seine meisterhafte Darstellung des jungen Arnie auch den Tips zu, die er von Johnny Depp während der Dreharbeiten bekommen hat. Und noch heute wirkt er ganz begeistert, wenn er von den beiden Partnern seiner ersten beiden nennenswerten Kinofilme spricht: »Erst THIS BOY'S LIFE mit Robert De Niro – und dann GILBERT GRAPE mit Johnny Depp. Was für ein Typ! Das ist so ungefähr die beste Schauspielausbildung, die man sich wünschen kann.«

Die spektakuläre Leistung des damals gerade mal 19jährigen Leonardo DiCaprio beeindruckte offenbar auch die Jury, die den begehrten Filmpreis Oscar vergibt: Für seine Darstellung des Arnie Grape wurde Leonardo für eine der renommierten Auszeichnungen nominiert – also in der Sparte »bester Ne-

Meisterhafte Darstellung: Leonardo in einer GILBERT GRAPE-Szene mit Juliette Lewis

bendarsteller« als einer von fünf Schauspielern genannt, die für den Preis in Frage kamen. Daß aus der Nominierung keine Ehrung wurde, nahm Leonardo nicht krumm. Im Gegenteil: »Mir wäre sicher etwas Peinliches passiert. Ich wäre gestolpert oder in Tränen ausgebrochen. Und als Tommy Lee Jones gewonnen hat, war ich der glücklichste Mensch der Welt. Ich schwöre es!«

Drei Filme in einem Jahr – Leonardo DiCaprio arbeitet sich hoch

DiCaprio als Westernheld

Leonardo DiCaprio schien Tommy Lee Jones den Oscar für den besten Nebendarsteller wirklich zu gönnen – und schon mit seinem nächsten Filmauftritt machte er deutlich, daß er auch in Zukunft immer wieder einmal für eine Nominierung oder eine Auszeichnung gut sein würde: Gemeinsam mit Sharon Stone und Gene Hackman sorgte auch Leonardo DiCaprio dafür, daß Sam Raimis (TANZ DER TEUFEL) phasenweise etwas merkwürdig inszenierter Western SCHNELLER ALS DER

Ungewohntes Outfit: Leonardo im Wilden Westen

Tod zu einer sehenswerten Reminiszenz unter anderem an die Showdown-Epen von Fred Zinnemann (Zwölf Uhr mittags) oder Sergio Leone (Spiel mir das Lied vom Tod) wurde.

In der abgelegenen Westernstadt Redemption führt der Bürgermeister John Herod 1870 ein blutiges Regiment. Einmal im Jahr veranstaltet er ein Schützenfest der besonderen Art: In Duellen mit stets tödlichem Ausgang treten Revolverhelden aus dem ganzen Land gegeneinander an, um sich das Preisgeld von 100.000 Dollar zu sichern – doch bisher mußte Herod nie zahlen, weil er das Turnier jedesmal für sich entschied. »Lieber duelliere ich mich mit Killern, als von hinten erschossen zu werden«, erklärt der brutale Herod, der den Bürgern »seiner« Stadt so verhaßt ist, daß sie immer wieder einen Berufsmörder auf ihn ansetzen.

Vater und Sohn, aber Gegner: Leonardo mit Gene Hackman in Schneller als der Tod

Leonardo in SCHNELLER ALS DER TOD als gefürchteter Scharf-schütze Leo

Unter den Teilnehmern des Duell-Festivals ist erstmals auch eine Frau: die Pistolenlady Ellen, deren Vater vor vielen Jahren von Herod ermordet wurde. Ellen mußte damals, als kleines Mädchen, nicht nur zusehen: Der zynische Herod stellte ihren Vater auf einen Stuhl, band ihm einen Strick um den Hals und kippte den Stuhl um – das Mädchen sollte mit einem Gewehr das Seil durchschießen, traf aber natürlich nicht und fühlte sich danach schuldig am Tod des Vaters, der vor ihren Augen am baumelnden Strick erstickte. Nun kehrt Ellen zurück – als haßerfüllte Revolverheldin. Leonardo ist einer der anderen Scharfschützen – der Sohn von Herod, der sich seinem Vater ebenfalls entgegenstellte.

Angeblich soll Sharon Stone darauf bestanden haben, unbedingt Leonardo DiCaprio als Darsteller des Kid an ihrer Seite zu haben. »Er ist beängstigend gut«, meinte die durch den Erotikthriller BASIC INSTINCT berühmt gewordene Kollegin. Sharon Stone soll dem jungen Schauspieler die Rolle sogar mehrfach persönlich angeboten haben. Sie soll bereit gewesen sein, zugunsten Leonardos auf einen Teil ihrer Gage zu verzichten. Und schließlich bot sie ihm in komischer Verzweiflung an, sie würde ihn jeden Tag huckepack zum Drehort tragen, wenn er nur endlich einwilligen würde. Tja, wer kann da schon nein sagen ...? Doch trotz einiger Sensationsmeldungen über eine angebliche Liaison der beiden Filmstars waren Leonardo und Sharon durch die gemeinsame Arbeit wohl nur gute Freunde geworden. »Sharon erinnert mich an meine Großmutter«, sagte Leonardo damals. »Sie ist so intelligent, sie sagt, was sie denkt, und sie kann zuhören.« Schwärmt ein junger Mann so von seiner Angebeteten?

Glänzend als gescheitertes Basketballtalent

Die nächste Rolle des Shooting-Stars zeigte, daß DiCaprio sehr wohl Interesse an ungewöhnlichen Filmthemen hatte – auch wenn sich weder allzu prominente Kollegen mit ihm am Set tummelten noch eine allzu hohe Gage zu erwarten war.

Leonardo 1994

JIM CARROLL – IN DEN STRASSEN VON NEW YORK war von Anfang an ein eher kleines Filmprojekt – mit relativ bescheidenem Budget, mit einem Team, das mehr Enthusiasmus als Popularität zu bieten hatte, und mit einer Geschichte, die auf den ersten Blick als zu sperrig für einen Kinohit zu erkennen war. Doch die Titelrolle versprach die Chance, sich erneut als guter Schauspieler zu beweisen.

1963 begann ein 13jähriger New Yorker Junge namens Jim Carroll sein Tagebuch, und damals hatte er sich vermutlich nicht träumen lassen, daß seine Aufzeichnungen zum Kultbuch der Beat-Generation und zur Vorlage eines Kinofilms werden würden. Carrolls Notizen begannen als Tagebuch eines sportbegeisterten Jungen, der sich eine Karriere als professioneller Basketballer ausmalte – und der wohl auch das Zeug dazu hatte, diesen Traum zu verwirklichen. Doch er rutscht ab. Die Drogen, die anfangs nur schickes Zeichen der Auflehnung gegen die Erwachsenenwelt waren, entpuppen sich als tückischer Schlüssel zu einer beinahe tödlich verlaufenden Spirale – und diese Spirale führt bald immer schneller nach unten, eben in die Straßen von New York, die im Filmtitel genannt werden.

Regisseur Scott Kalvert erzählt die wahre Geschichte recht originalgetreu, auch wenn er die Handlung (aus finanziellen Gründen) von den 60ern in die 90er Jahre verlegte. Mark Wahlberg – der als Fotomodell für Calvin-Klein-Unterhosen und unter dem Künstlernamen Marky Mark auch als Popsänger Erfolg hatte – glänzte als Jim Carrolls Freund Mickey. Juliette Lewis (die schon in GILBERT GRAPE mit Leonardo DiCaprio vor der Kamera stand) drückte einigen Szenen in einer kleinen Nebenrolle ihren Stempel auf.

Doch unbestrittener Mittelpunkt des Films war Leonardo DiCaprio, Hauptdarsteller und mit seiner schauspielerischen Bravourleistung manchmal die hauptsächliche Triebkraft des Films. Wie er den sozialen und menschlichen Abstieg des einstigen Wunderknaben verkörperte, ohne dafür in peinliche Übertreibungen verfallen zu müssen – das machte JIM CAR-

ROLL trotz einiger Schwächen in der Inszenierung zu einem Filmerlebnis der besonderen Art. Nach Drehschluß schien auch DiCaprio selbst weitgehend mit dem Film zufrieden zu sein: »Es ist bestimmt kein Film, der Drogen verherrlicht. Er predigt auch nicht Dinge wie ›Sag einfach nein‹. Aber er zeigt, daß der erste Schuß der Anfang verdammt großer Probleme sein kann. Dieser Film hat mich schauspielerisch auf völlig neue Weise gefordert. Am schwierigsten darzustellen war dieses Verkriechen vor der Welt. Es war so, als wäre man ein Tier, als wäre es der Rückfall in einen Urzustand.«

DiCaprio spielt den Dichter Arthur Rimbaud

Dieses »Verkriechen« vor der Welt war mit Abstand das letzte, das sich Leonardo DiCaprio 1994/95 leistete. Nach SCHNELLER ALS DER TOD und JIM CARROLL drehte er innerhalb von nur zwölf Monaten noch einen dritten Film. Und wieder war es eine Geschichte, die nicht unbedingt klingelnde Kinokassen versprach, Leonardo DiCaprio aber weiteres Renommee als Schauspieler einbringen konnte. TOTAL ECLIPSE, eine französisch-britisch-belgische Koproduktion, erzählt einige Episoden aus dem Leben des französischen Dichters Arthur Rimbaud, der im 19. Jahrhundert zu den wichtigsten Literaten seines Landes zählte.

Rimbaud bezeichnete sich selbst als Genie und galt zu seiner Zeit als ungemein begabter Frühstarter – eigentlich kein Wunder, daß sich Leonardo DiCaprio zu dieser Figur hingezogen fühlte. Doch Rimbaud beendete seine Autorenlaufbahn bereits mit 20 Jahren und vertrieb sich seine Tage danach mit diversen Abenteuern. Neben der Chance, einen exzentrischen Egomanen zu spielen, nahm DiCaprio die Rolle vermutlich auch wegen der Regisseurin an: Die aus Polen stammende Agnieszka Holland hatte sich mit ihrem einfühlsamen Porträt HITLERJUNGE SALOMON auch in der amerikanischen Filmbranche einen guten Ruf erarbeitet.

Unter ihrer Führung spielt Leonardo DiCaprio den eigenwil-

Mit David Thewlis in TOTAL ECLIPSE

ligen Dichter als wilden, ungestümen Jungen. Er dringt arrogant und erfrischend zugleich in die Ehe seines zehn Jahre älteren Schriftstellerkollegen Paul Verlaine ein, wird dessen Liebhaber und rüttelt immer stärker an den Grundfesten von Verlaines Existenz. Umgeben von exzellenten Darstellern, lief Leonardo in dieser rebellischen, gegen den Strich gebürsteten Geschichte zu Hochform auf und machte den eitlen Künstler auf beeindruckende Weise zu einer glaubwürdigen Figur.

Mit Meryl Streep vor der Kamera

Daß sich DiCaprios Auftritte in kleineren Filmproduktionen auszuzahlen begannen, merkte der junge Amerikaner schon 1996, als er für eine größere Nebenrolle in dem Drama MARVINS TÖCHTER zum Zug kam. Offenbar hatte er sich auch bei den Hollywood-Stars mit TOTAL ECLIPSE und JIM CARROLL einige Reputation erspielt, und natürlich taten auch die zahlreichen Geschichten über Sharon Stones Engagement für den jungen Kollegen ihre Wirkung. Und so bekam Leonardo DiCaprio 1996 eine ähnliche Chance wie schon einmal 1993

Eine Szene aus MARVINS TÖCHTER

Leonardo mit Diane Keaton

für THIS BOY'S LIFE: Erneut durfte er einen eigenwillig, zunächst vor allem schwierig erscheinenden Jungen spielen – und auch diesmal standen mit Meryl Streep, Diane Keaton und erneut Robert De Niro altgediente US-Stars an seiner Seite vor der Kamera. Sie alle machten aus der etwas rührselig klingenden Story ein sehenswertes Melodram, das in seinem unspektakulären, aber eindringlichen Erzählstil ein bißchen an ein Theaterstück erinnerte.

Seit Jahrzehnten kümmert sich Bessie um ihren durch eine schwere Krankheit ans Bett gefesselten Vater Marvin. Da erfährt sie nach einem Routinebesuch bei ihrem Hausarzt, daß sie Leukämie hat und ihr nur eine Transplantation von Knochenmark helfen kann. Diese Behandlung verspricht allerdings in ihrem Fall nur Erfolg, wenn ein naher Verwandter die gefährliche Knochenmarkspende auf sich nimmt. Daraufhin nimmt Bessie Kontakt mit ihrer Schwester Lee auf, die sie seit Jahren nicht mehr gesehen hat. Nun brechen alte Spannungen und Konflikte wieder auf, und am Bett des todkranken Vaters versuchen die beiden ungleichen Schwestern ihre Vergangenheit aufzuarbeiten. Daß die kinderlose Bessie mit ihrer mütterlichen Art schnell einen guten Draht zu Lees schwierigem Sohn Hank entwickelt, macht die Situation nicht einfacher: Lee selbst kommt mit Hank seit Jahren nicht mehr zurecht. Trotz aller Stars in der Besetzung dieses einfühlsamen Melodrams reißt Leonardo in zahlreichen Szenen den Film durch seine unglaubliche Präsenz geradezu an sich.

Er selbst dagegen war eher von seiner berühmten, bereits für zehn (!) Oscars nominierten Kollegin Meryl Streep (DIE BRÜCKEN AM FLUSS) beeindruckt: »Sie ist anders als alle Schauspielerinnen, mit denen ich bisher zusammengearbeitet habe, denn ich habe noch nie jemanden getroffen, der auf den Set kommt und – ohne auch nur ein Wort zu sagen – sofort den absoluten Respekt aller Anwesenden hat. Ich meine: Alle werden plötzlich still, wenn sie hereinkommt – und dann diese Ausstrahlung, die sie beim Spielen hat!«

»Diese Ausstrahlung« – Jungstar Leo mit Altstar Meryl in MARVINS TÖCHTER

So urteilen Kollegen über Leonardo DiCaprio

Gabriel Byrne (Filmpartner in DER MANN IN DER EISERNEN MASKE)

»Er bekommt hier eine Traumrolle zu spielen. Er spielt den Schurken und den Helden in ein und demselben Film. So etwas ist immer ein spektakulärer Drahtseilakt, so eine Art ›Schaut her, ich halte mich nirgends fest‹. Er ist ein wunderbar instinktiver Schauspieler und ein wirklich netter Kerl.«

Gérard Depardieu (Filmpartner in DER MANN IN DER EISERNEN MASKE)

»Leo ist großartig. Er ist ein junger Schauspieler, aber er ist auch mehr als das. Er hat Anmut, Jugend und eine schnelle Auffassungsgabe. Er liebt das Leben, und er liebt seine Arbeit. Er hat Ahnung, und er hört sehr gut zu. Er hat eine große Karriere vor sich.«

James Cameron (Regisseur von TITANIC) vor dem Filmstart

»Leo entfaltet auf der Leinwand eine unglaubliche Vitalität. Er hat eine drahtige, kämpferische Qualität, die ich faszinierend finde.«

Kate Winslet (Filmpartnerin in TITANIC)

»Er ist cool, sensibel und hat einen natürlichen Charme. Und er kann wahnsinnig gut küssen.«

Claire Danes (Filmpartnerin in ROMEO & JULIA)

»Er ist einer der loyalsten Menschen, die ich kenne. Trotzdem, ich bin nie richtig klug aus ihm geworden. Ist er wirklich so leicht zu durchschauen, oder ist er so unglaublich komplex, daß man es gar nicht merkt?«

John Leguizamo (Filmpartner in ROMEO & JULIA)

»Er ist sensationell, er konnte alle Rollen auswendig. Auch meine. Dann stellte sich dieser ungezogene Bengel vor die Kamera, sprach meinen Text – und war dabei unglaublich gut! Das machte mich ganz schön nervös.«

Lasse Hallström (Regisseur von GILBERT GRAPE)

»Ihm fällt es ganz leicht. Meine einzige Theorie ist, daß er einen direkten Draht zu dem vierjährigen Kind in sich hat. Ich bin überzeugt, daß er, wie man in Amerika sagt, ›Starmaterial‹ ist.«

Leonardo Di Caprio (einer der schärfsten Kritiker von Leonardo Di Caprio)

»Ich mag mein Gesicht nicht, wenn ich lächle. Deshalb bin ich auf Fotos meist ernst und suche mir immer Rollen aus, in denen ich am Schluß sterbe. Okay, ich kann schauspielern. Und ganz gut Billard spielen. Aber das ist auch schon alles.«

Leonardo als Romeo –
und als Opfer der Paparazzi

Lohn der Mühe: Das Privatleben geht flöten

Bald veränderte Leonardo DiCaprios Aufstieg zum gefeierten Jungstar sein Leben und das seiner Eltern. Mutter Irmelin zog mit ihrem berühmten Sohn von der kleinen Zweizimmerwohnung in Los Feliz, einem Vorort von Los Angeles, in eine etwas schickere und größere Bleibe in Los Angeles selbst – und damit auch etwas näher zu den Filmstudios, in denen sich Leonardo nun häufiger aufhielt. Irmelin hängte ihren Job als Sekretärin an den Nagel und wurde jetzt die Managerin ihres Sohnes.

Und Vater George, einst Mitglied der rührigen US-Literaturszene, las nun die Drehbücher, die Leonardo angeboten wurden, um bereits eine Vorauswahl für den begabten Filius zu treffen. »Ich bin sicher, daß es interessantere Parts für junge Männer wie mich gibt als alte Teenager«, meint Leonardo. Einen dieser Parts lehnte Leonardo allerdings ab: Regisseur Joel Schumacher wollte ihn als Robin an der Seite von Super-Flatter Batman engagieren. Leonardos Begründung ließ damals nicht vermuten, daß er jemals an einer Großproduktion wie TITANIC beteiligt sein könnte: »Ich bin kein Freund von Kommerzfilmen«, betonte er seinerzeit. »Sie sind der künstlerische Tod.«

Ohnehin begann er allmählich ein wenig auf Abstand zu Hollywoods Glitzerwelt zu gehen. »Ich bin zwar in Los Angeles aufgewachsen und habe vorher immer gezetert, wenn jemand Kalifornien als Plastikland bezeichnet hat«, erzählte er im Herbst 1995. »Doch dann genügte tatsächlich eine Woche New York, um sofort dahin übersiedeln zu wollen. Die Stadt hat schöne Frauen, coole Leute und die beste Underground-Kultur der Welt – und vor allem muß man nicht dauernd gegenüber jedermann so scheißfreundlich sein wie in L. A.«

Außerdem konnte er in Metropolen wie New York dem Rummel entfliehen, der spätestens seit dem Erfolg mit GILBERT GRAPE um seine Person gemacht wurde: »Im Gegensatz zu früher kann ich sicher nicht mehr allzu leichtfertig daherreden oder mich in der Öffentlichkeit danebenbenehmen. Aber im großen und ganzen gelingt es mir, ein weitgehend normales Leben zu führen und den Kontakt zu alten Freunden zu halten.«

Bejubelt als klassischer Liebhaber

Diese Kontakte zu halten wurde allerdings immer schwerer – und »schuld« daran war Leonardo DiCaprio selbst: Er war schlicht und einfach zu erfolgreich, um viel Zeit für sein Pri-

ROMEO & JULIA: Leonardo und Claire Danes

vatleben zu haben. Diesen Erfolg verdankte er neben seinem Talent und der nötigen Portion Glück auch dem Umstand, daß er ein gutes Gespür dafür entwickelte, welche Rollen ihm gut zu Gesicht stehen könnten. Als ihm zum Beispiel angeboten wurde, in einer ziemlich experimentierfreudigen Fassung von William Shakespeares berühmtem Liebesdrama ROMEO & JULIA die männliche Hauptrolle zu übernehmen, sagte er relativ schnell zu – obwohl damals ganz sicher noch nicht abzusehen war, daß das etwas eigenwillig wirkende Projekt wenige Monate später bereits Kultstatus genießen würde.

Die Handlung dieses Kino-Überraschungshits ist natürlich ein alter Hut – denn der Film hält sich haarklein an Shakespeares tragische Love-Story aus dem Jahre 1597. Der junge Romeo Montague lernt während eines aufwendigen Maskenballs die schöne Julia Capulet kennen und verliebt sich unsterblich in sie. Daß er damit ein Drama heraufbeschwört, in dem es schon wenig später um Leben und Tod geht, wird bald deutlich: Denn die Familien Montague und Capulet sind bis aufs Blut verfeindet und tragen ihre Feindschaft mit allen Mitteln aus. Schließlich geraten auch Romeo und Julia – sie erwidert seine Liebe – zwischen die Fronten der blutigen Familienfehde. Heimlich heiraten die beiden, doch als Julias Vater ihr einen Bräutigam seiner Wahl präsentiert, weiß Julia vor Verzweiflung nicht mehr, was sie tun kann, um ihre Liebe zu retten.

Da gibt ihr der verständnisvolle Pater Laurence einen gutgemeinten, aber folgenschweren Rat: Sie soll in der Nacht vor der geplanten Hochzeit eine Arznei schlucken, die sie einige Stunden lang wie tot wirken läßt. Daraufhin werde sie offiziell für tot erklärt, nach der feierlichen Beerdigungszeremonie werde der ungewollte Bräutigam das Feld räumen, sie könne zu ihrem Romeo zurückkehren und danach unbehelligt mit ihm leben. Nach kurzem Zögern geht sie auf den Plan des Paters ein – doch der Plan mißlingt. Nicht nur Julias Familie und der Ehemann in spe halten sie für tot, auch ein Freund Romeos beobachtet die Trauerfeier und berichtet ihm vom Tod seiner Ge-

Wenigstens im Tod vereint ...

liebten – ein Brief, den Pater Laurence an Romeo geschrieben hatte, um ihn in den raffinierten Plan einzuweihen, hatte seinen Adressaten unglücklicherweise nicht erreicht.

Daraufhin stürmt Romeo wie von Sinnen in die Kirche, in der Julia aufgebahrt liegt, und sinkt weinend auf ihren offenen Sarg. Völlig verzweifelt kramt er ein kleines Fläschchen mit tödlichem Gift aus einer Tasche hervor – während Julia allmählich zu sich kommt und sich wieder zu bewegen beginnt. Mit einer sanften Berührung gibt sie ihm zu verstehen, daß sie noch lebt – doch es ist zu spät: Gerade hat Romeo die tödliche Arznei geschluckt. Nun das tragische Ende: Romeo, der seine totgeglaubte Geliebte nun plötzlich wie durch ein Wunder wieder lebendig vor sich sieht, weiß, daß er selbst nur noch wenige Minuten zu leben hat. Für eine herzzerreißende Abschiedsszene klammern sich die beiden bis zum letzten Moment aneinander. Und als Romeo schließlich tot ist, nimmt sich auch Julia das Leben – und die beiden liegen, wenigstens im Tod vereint, gemeinsam auf der Bahre, die für Julia eigentlich den Beginn einer glücklichen Zukunft hätte bringen sollen.

Die tragische Liebesgeschichte – die wohl berühmteste Love-Story der Welt – ist 400 Jahre alt. Der weltbekannte britische Dramatiker William Shakespeare hat sie 1597 geschrieben, und heute ist sie längst ein Theaterklassiker. Kenner werden zwar in der Sterbeszene zum Schluß einen Unterschied erkennen – Shakespeare läßt Julia erst erwachen, als Romeo bereits tot ist –, doch ansonsten hält sich die 1996 fertiggestellte Verfilmung des Stoffes recht eng an die Vorlage, verpaßte der Geschichte allerdings ein völlig neues Outfit.

Regisseur Baz Luhrmann, der für die Neuauflage des Klassikers auch das Drehbuch schrieb und die Produktion übernahm, verpflanzte die Geschichte aus dem italienischen Verona des 16. Jahrhunderts in eine fiktive Großstadt in Lateinamerika – nach Verona Beach, wo sich zwischen Traumstrand und Uferpromenade auf der einen und brodelnder City auf der anderen Seite sozialer Zündstoff zwischen den verschiedenen Streetgangs aufgebaut hat. Die beiden härtesten Gangs sind die Clans der Capulets und der Montagues, die sich Schlägereien, Pistolenduelle und Messerstechereien liefern und in ihren Limousinen mit quietschenden Reifen um die Blocks rasen. Durch solche Gang-Kriege kamen in den vergangenen Jahren auch einige Rapper der verfeindeten Szenen von Los Angeles und New York ums Leben. Zu den prominentesten Opfern dieses Irrsinns zählen sicherlich Tupac »2pac« Shakur und The Notorious BIG.

Konnte das gutgehen: Eines der berühmtesten Stücke des klassischen Theaters, verpflanzt in eine moderne Großstadtkulisse? Und dazu noch die sprachlich angestaubten Texte von William Shakespeares Original: »Aus beider Feinde unheilvollem Schoß«, heißt es in der Übersetzung, »entspringt ein Liebespaar, unsternbedroht.« Viele Hollywood-Macher meinten: nein – und zwangen Luhrmann zu einer wahren

Odyssee durch die Vorzimmer und Konferenzräume der Produktionsbüros.

Dabei hatte Baz Luhrmann durchaus Referenzen, die den Geldgebern hätten Mut machen können. Aufgewachsen im Norden des australischen Bundesstaates New South Wales, hatte Luhrmann am renommierten National Institute of Dramatic Arts in Sydney studiert und konnte schließlich 1985 einen begehrten Job als Regieassistent ergattern. 1986 entwickelte er das erste eigene Theaterstück: eine 30minütige Mischung aus Tanz, Musik und Drama mit dem Titel STRICTLY BALLROOM. Mit dem Kurzstück nahm er am Weltjugend-Theaterfestival in der damaligen Tschechoslowakei teil und wurde für die beste Inszenierung und die beste Regie ausgezeichnet. Er weckte mit einem weiteren Stück und als künst-

Shakespeare modern: ROMEO & JULIA spielt in einer lateinamerikanischen Großstadt

45

lerischer Leiter einer von ihm gegründeten Theatertruppe das Interesse der Filmbranche, und noch bevor er mit der Kinoversion von STRICTLY BALLROOM (1992 in Cannes mit zwei Preisen bedacht) sein Debüt auf der Leinwand gab, sammelte er Erfahrungen, die er für ROMEO & JULIA gut gebrauchen konnte: Er verpflanzte Puccinis Oper für eine modernisierte Kurzfassung vom frühen 19. in die 50er und 60er Jahre des 20. Jahrhunderts. Vor allem bei den jüngeren Zuschauern kam das Experiment ausgezeichnet an, und so begann der Plan in Luhrmann zu reifen, ROMEO & JULIA ebenfalls in zeitgemäßem Ambiente neu zu inszenieren.

Auch dieses Experiment gelang ihm, nachdem er endlich Geldgeber für sein ambitioniertes Projekt gefunden hatte. »Ich glaube«, nannte Leonardo DiCaprio später Gründe für den Erfolg des ungewöhnlichen Films, »die Art, wie wir sprachen und wie alles inszeniert wurde – daß wir keinen aufgesetzten englischen Akzent sprechen mußten, die Sache mit den Autos –, das machte den Film viel verständlicher für das heimische Publikum. Ich denke, Shakespeare hätte es gefallen, daß sein Stück die Jahrhunderte überstanden hat und zu einem zeitlosen Werk geworden ist, das man mühelos in die Zukunft übertragen kann.«

Für die Besetzung des Films kam Luhrmann der Umstand zugute, daß auch in den Vereinigten Staaten viele Filmschauspieler eine mehr oder weniger heimliche Liebe zu klassischen Stoffen pflegen – eine Liebe, die sie oft genug gerade in der Film- und Fernsehbranche nicht ausleben können. Und während sie von einem Auftritt als Hamlet, Maria Stuart oder Richard III. träumen, müssen sie kurze Sätze als Killer, Opfer oder Kommissar sprechen.

Für ROMEO & JULIA versammelte Luhrmann ein imposantes Starensemble: unter anderem Brian Dennehy (ZEHN – DIE TRAUMFRAU) als Romeos Vater, Paul Sorvino (DIE FIRMA) als Oberhaupt von Julias Familie, den Iren Pete Postlethwaite (DIE ÜBLICHEN VERDÄCHTIGEN,) als Pater Laurence (ursprünglich war Marlon Brando vorgesehen), John Leguizamo

»Viel verständlicher für das Publikum«: Es wird scharf geschossen

(To Wong Foo ...) als Julias gewalttätiger Vetter und Diane Venora (Heat) als Julias Mutter.

Und natürlich: Leonardo DiCaprio als Romeo und Claire Danes als Julia. Die hübsche Schauspielerin zählt zu den Jungstars im amerikanischen Showgeschäft. Für die TV-Serie Willkommen im Leben hatte sie den von schweren Schicksalsschlägen getroffenen Teenager Angela gespielt und war dafür für einen Emmy nominiert und mit einem Golden Globe (als »beste Schauspielerin in einem Fernsehdrama«) ausgezeichnet worden. Nun horchten auch die Filmproduzenten auf, und schon für die Verfilmung des Jugendbuchs Betty und ihre Schwestern stand die gebürtige New Yorkerin erstmals fürs Kino vor der Kamera – an der Seite von Stars wie Winona Ryder spielte sie die chronisch kranke Titelfigur. Danach war sie im melancholischen Melodram Ein Ameri-

KANISCHER QUILT (erneut mit der Hauptdarstellerin Winona Ryder), wenig später in der Tragikomödie FAMILIENFEST UND ANDERE SCHWIERIGKEITEN (mit Holly Hunter) zu sehen. Mit TO GILLIAN ON HER 37TH BIRTHDAY, U-TURN und POLISH WEDDING drehte sie auch 1997 fleißig weiter, war außerdem bereits für große Produktionen wie den Grisham-Thriller-DER REGENMACHER und Oliver Stones STRAY DOGS gebucht – und ein Ende ihrer steilen Karriere ist nicht in Sicht.

Die Aufsteigerin und Hollywoods neuer Wunderknabe: Besser hätte das Traumpaar des klassischen Theaters nun wirklich nicht besetzt werden können. Und tatsächlich machten die beiden ihre Sache ausnehmend gut. Leonardo DiCaprio als jungenhafter, impulsiver Romeo – und ihm gegenüber die wie auf die Leinwand gehaucht wirkende Claire Danes, die trotz ihrer grazilen Figur über eine ungeheuer kraftvolle Ausstrahlung verfügt.

Gefühlvoll und kein bißchen gekünstelt spielen sich die beiden – von den anderen Darstellern exzellent unterstützt – durch den originalgetreuen Text und hauchen den jahrhundertealten Reimen neues Leben ein. Schon nach wenigen Minuten fällt die ungewohnte Sprachmelodie der Dialoge kaum mehr auf, und allein die Geschichte der beiden Verliebten und ihrer verfeindeten Familien interessiert den Zuschauer.

Das ist es, was einen guten Schauspieler ausmacht. Und daß Leonardo DiCaprio über ein außergewöhnliches Talent als Darsteller verfügt, war ja schon in den Jahren zuvor mehr als deutlich geworden. Wie er in ROMEO & JULIA für seine Rolle scheinbar mühelos zwischen verliebtem Teenager (in einer herzzerreißenden Liebesszene in der Nacht nach dem Maskenball), zornigem Street-Gang-Mitglied (nach dem Mord an seinem besten Freund Mercutio) und verzweifeltem Ehegatten (nach der Nachricht von Julias vermeintlichem Tod) wechselt – das bringen viele ältere, erfahrenere Kollegen nur durch unangenehmes Übertreiben der gezeigten Gefühlsregungen zustande. Nicht so Leonardo: Ihm reichen kleine Gesten, ein Augenaufschlag, eine schnelle Kopfbewegung oder ein veränderter Tonfall aus, um innere Zerrissenheit oder das Schwelgen in Träumen von einer rosigen Zukunft für alle nachvollziehbar zu machen. Das paßte gut zu den Plänen des Regisseurs, denn Luhrmann stellte sich Leonardos Romeo als eine Art James Dean vor: »Seine Rebellion ist völlig unpolitisch. Er ist vielmehr ein Rebell im Stil von Lord Byron, der in die Liebe an sich verliebt ist.«

Der ungewöhnliche Ansatz, die exzellente Darstellung und nicht zuletzt der moderne Soundtrack mit Songs von Garbage, Kym Mazelle oder Radiohead und dem Hit der Cardigans, »Lovefool«, machten Shakespeares Klassiker auch für die MTV-Generation interessant. In den Vereinigten Staaten, wo zuvor die meisten Produzenten die Shakespeare-Verfilmung für kommerziell nicht vielversprechend genug hielten, schoß der Film sofort nach Kinostart auf Platz eins der Filmcharts. Allein am ersten Wochenende spielte er rund elf Millionen

Der verzweifelte Ehemann: Leonardo in ROMEO & JULIA

Dollar an den amerikanischen Kinokassen ein; im Februar 1997 war das US-Ergebnis auf bis dahin mehr als 44 Millionen angewachsen. Sieht so die Zwischenbilanz eines Flops aus?

Auch in Deutschland sorgte der knapp zweistündige Film für Furore. Der Soundtrack war hierzulande passenderweise schon am 14. Februar, dem Valentinstag, in den Handel gekommen und bescherte der experimentierfreudigen Popband The Cardigans mit »Lovefool« einen internationalen Hit. Am 13. März startete auch der Film seinen Siegeszug durch die deutschen Kinos und wurde, nachdem er schon zuvor im Rahmen der Berliner Filmfestspiele als offizieller Wettbewerbsbeitrag gezeigt worden war, schnell als angesagter Streifen mit reichlich Kult-Appeal gehandelt.

Die Verleihfirma 20th Century Fox, die ROMEO & JULIA in die Kinos gebracht hatte, nutzte den Film in Deutschland auch dazu, eine Brücke zwischen Leinwand und großer Literatur zu schlagen. Gemeinsam mit der in Mainz ansässigen »Stiftung Lesen« ließ die Firma nun eine zwei Jahre zuvor schon einmal eingegangene Partnerschaft wieder aufleben. Anhand der beiden Shakespeare-Adaptionen ROMEO & JULIA und LOOKING FOR RICHARD (Al Pacino auf der Suche nach einer zeitgemäßen Fassung von RICHARD III.) stellten Fox und die Stiftung Unterrichtsmaterial, Buchempfehlungen und ein literarisches Gewinnspiel zusammen. 10.000 deutsche Schulen erhielten das Infopaket zu den beiden Filmen, wobei ROMEO & JULIA klar als Schwerpunkt der Aktion gedacht war. Die Lehrer erhielten außerdem die Broschüre »Shakespeare mal anders«, die schon allein durch die abgedruckten Szenenfotos weit interessanter wirkte als die meisten Schulbücher. »Wir glauben«, heißt es dort, »daß diese Medienpartnerschaft von Literatur und Film für Sie und Ihre Schülerinnen und Schüler viele Anlässe bietet, Shakespeare mal anders zu erleben.« Hollywood-Stars wie Leonardo DiCaprio und Claire Danes als Unterrichtsstoff – davon konnten Schüler vor 20 oder 30 Jahren nur träumen.

Leo – ein Romantiker?

Monate nach dem Kinostart des Films schnitt sich auch die HipHop-Band Poetry'n'Motion noch eine dicke Scheibe vom Erfolg ab: Ihr Song »Romeo & Julia« erzählte die anrührende Love-Story noch einmal, packte musikalische Zitate und einen leicht schleppenden Dancepop-Beat dazu und stürmte damit im Herbst 1997 die internationalen Charts. Und am 30. Oktober 1997 wurde schließlich das Video als Leihkassette veröffentlicht – damit hatten Romeo & Julia sowohl auf der großen Leinwand als auch auf der heimischen Mattscheibe ein halbwegs rundes Jubiläum mit Symbolcharakter eingehalten: 45 Jahre zuvor war die traurige Love-Story von Rick und Elsa, besser bekannt unter dem Titel

CASABLANCA, in Deutschland angelaufen, 55 Jahre zuvor war der Filmklassiker mit Humphrey Bogart und Ingrid Bergman gedreht worden.

Mit seiner Darstellung des Romeo wurde Leonardo für viele Fans auch selbst zum flammenden Liebhaber, zum Romantiker. Doch da mußte der Amerikaner sein Publikum enttäuschen – schon im Oktober 1995 hatte er wilden Küssen alles Romantische abgesprochen: »Genaugenommen ist Küssen doch eine ganz schön eklige Angelegenheit. Man stellt sich so an, wenn man sich mit jemandem eine Gabel teilen soll. Aber wenn man sich gegenseitig literweise Spucke in den Mund schüttet, ist das okay. Wenn man nur mal überlegt, im Mund gibt's so viele Bakterien, Speisereste, schlechten Atem …« Und noch 1997 meinte er cool: »Ich glaube nicht, daß ich für ein Mädchen eine Hausfassade hochklettern und Gedichte im Mondschein zitieren würde. Ich bin kein Typ wie Romeo! Romeo dreht doch voll durch. Er wird verrückt vor Liebe. Nur weil er glaubt, Julia sei tot, bringt er sich um!«

Auch mit seiner Filmpartnerin, der hübschen Claire »Julia« Danes, sei nichts gewesen, beteuerte er entsprechenden Gerüchten zum Trotz: »Claire hatte beim Drehen fürchterlichen Liebeskummer, weil ihr Freund wenige Wochen zuvor mit ihr Schluß gemacht hatte. Im übrigen sind wir beide Profis, die ihre Rollen so gut und echt wie möglich spielen.« Und dafür mußten sie einiges auf sich nehmen. Leonardo: »Meine Rolle in ROMEO & JULIA war die härteste meines Lebens. Einmal mußte ich die ganze Nacht fast nackt dasitzen, mich von Kunstregen berieseln lassen und 300mal ›Julia‹ schreien.«

Die »Titanic« sinkt spektakulär –
und spült Leonardo ganz nach oben

Noch eine Love-Story

Das Jahr 1997 sollte Leonardo DiCaprios Karriere als Schauspieler mit TITANIC den bisher deutlichsten Schub verpassen: Die Verfilmung der berühmten Schiffskatastrophe machte den jungen Amerikaner endgültig zum internationalen Top-Star – nachdem er durch ROMEO & JULIA bereits zu einem Idol der jüngeren Zuschauer geworden war. Zwar waren dem US-Darsteller schon außergewöhnlichere Leistungen vor der Kamera gelungen – aber er verkörperte seine Filmfigur in diesem unterhaltsamen Spektakel zumindest sehr glaubwürdig, agierte angenehm locker und profitierte obendrein noch vom unglaublichen Erfolg der Mammutproduktion.

»Es ist ein dreistündiges Filmepos, in dessen Mittelpunkt eine tragische Liebesgeschichte steht«, erzählt DiCaprio über den spektakulären Film TITANIC. »Ich spiele einen verarmten Maler aus Paris, der sich auf dem Luxusdampfer eigentlich nicht einmal die dritte Klasse leisten kann. Ich lerne an Bord ein Mädchen kennen, das zur noblen Gesellschaft gehört und natürlich erster Klasse reist. Wir verlieben uns. Doch dann kommt die Katastrophe – der Luxusliner geht unter …«

Das ist zwar eine ziemlich verknappte Version der ausschweifenden TITANIC-Story – aber sie trifft im wesentlichen den Kern: Die Geschichte des wohl berühmtesten, am meisten von Legenden umrankten und natürlich auch am häufigsten verfilmten Schiffsuntergangs wird hier als eine sehenswerte Mischung aus Kostümfilm, Katastrophenthriller und Love-Story erzählt. Diese Mixtur reizte auch Leonardo DiCaprio an dem Projekt am meisten: »Yeah, TITANIC ist wirklich eine gigantische Produktion mit Mega-Action. Ich bin stolz, daß ich mitgemacht habe. Normalerweise mag ich diese Art von Filmen nicht besonders. Und bei TITANIC habe ich nur zugestimmt, weil es auch um eine so rührende Liebesgeschichte geht. Jeder Dollar, der in den Streifen reingesteckt wurde, war es wert.«

In packenden Bildern führt Regisseur James Cameron (TER-MINATOR 2, TRUE LIES) den Zuschauer zurück in das Jahr 1912. Am 10. April dieses Jahres rüstet sich der nagelneue Luxusliner »Titanic«, kurz zuvor aus der Liverpooler Werft eingetroffen, im englischen Southampton zur Überfahrt nach New York. Das riesige Kreuzfahrtschiff war vor allem unter den Angehörigen der Schickeria das Thema der Saison. Angeblich sollte es dank einer ausgeklügelten Unterteilung des Rumpfes in verschiedene Sektoren, die durch wasserdichte Schotts innerhalb kurzer Zeit voneinander abgetrennt werden konnten, sogar unsinkbar sein. Wer es sich leisten konnte, sicherte sich eines der sündhaft teuren Tickets für die Jungfernfahrt nach New York – und schon Wochen vor dem ersten Tag auf See war klar, daß die Zeit auf dem Atlantik ein gesellschaftliches Ereignis allererster Güte sein würde: Prominenz, rauschende Bälle und ein für damalige Zeiten kaum vorstellbarer Luxus an Bord des schwimmenden Palastes sollten den Reisenden der ersten Klasse die Überfahrt versüßen. Auch in der zweiten und dritten Klasse herrschten weit bessere Zustände als damals üblich.

Die Reederei, für die das riesige Schiff den Atlantik durchfahren sollte, hatte außerdem noch etwas anderes im Sinn: Trotz all der luxuriösen Einrichtungen an Bord war die »Titanic« vor allem in technischer Hinsicht ein Renommierobjekt. Der Maschinenraum entsprach dem neuesten Stand der Technik, das Leistungsvermögen der Antriebsaggregate war enorm – und die vermeintliche Sicherheit vor einer Havarie schien es möglich zu machen, auch gefährlichere Streckenteile unter Volldampf zu passieren. Vor allem im Nordatlantik hatten sich Schiffe bis dahin nachts nur sehr vorsichtig durch jene Gebiete getastet, in denen Eisberge vor dem Bug aufzutauchen drohten. Anders die »Titanic«, die ziemlich bedenkenlos durch die kälter werdenden Fluten pflügte – vor allem, um das begehrte »Blaue Band« zu gewinnen: Dieser symbolische Preis wird traditionell dem Passagierschiff verliehen, das die Fahrt von England nach New York in der kürzesten Zeit schafft – vor allem zu Zeiten, in denen man noch nicht eben mal in ein paar Stunden mit dem Flugzeug nach New York jetten konnte, bedeutete dieser Prestigegewinn für die Betreiber des Siegerschiffes natürlich auch gute kommerzielle Perspektiven.

Was aus dem Versuch der »Titanic«, das »Blaue Band« zu gewinnen, fünf Tage nach dem Ablegen in Southampton wurde, ist allgemein bekannt – und damit ist im wesentlichen auch schon vorher klar, wie die Hintergrundgeschichte von James Camerons Film enden wird. Daß sich Millionen Zuschauer dennoch in keiner der 188 Minuten, die das Abenteuer dau-

Der Dritte-Klasse-Passagier und sein Kumpel: Leonardo und Danny Nucci in TITANIC

ert, langweilten, lag denn auch mehr an den sehenswerten Leistungen praktisch aller Darsteller als am technisch aufwendig umgesetzten Untergangsszenario.

Vor der imposanten Kulisse der »Titanic«-Tragödie geht es vor allem um die nicht standesgemäße Liebesgeschichte zwischen dem ungestümen jungen Jack Dawson und der 17jährigen Amerikanerin Rose DeWitt Bukater. Rose ist ein etwas verwöhntes Mädchen, das aber nur zu gerne aus den Fesseln der gesellschaftlichen Oberschicht ausbrechen würde. Außer ihrem klangvollen Namen haben die DeWitt Bukaters nichts mehr zu bieten, und so soll Roses Hochzeit mit dem arroganten Millionärsbürschchen Cal Hockley die ganze Familie aus allen finanziellen Nöten befreien.

Verlobt sind die beiden schon, aber die Aussicht auf ein Leben mit einem vor allem in sich selbst verliebten Schnösel ist nicht das, was sich Rose für ihr Leben erträumt hat. Schließlich steht sie an der Heckreling der »Titanic« und will sich in die Fluten stürzen – doch Jack kann sie im letzten Moment davon abhalten. Er hat die vornehme junge Dame schon einige Zeit beobachtet, doch als Dritte-Klasse-Passagier, der seine Passage obendrein beim Pokern gewonnen hat, sieht er zunächst keine Möglichkeit, mit Rose Kontakt aufzunehmen. Doch Rose verliebt sich in den selbstbewußten und lebensfrohen Habenichts, und eine Zeitlang scheinen alle gesellschaftlichen Grenzen aufgehoben: Jack nimmt Rose mit zu einer ausgelassenen Party, die irische Dritte-Klasse-Passagiere im Zwischendeck feiern, und wenig später zwängt sich der Maler in einen geliehenen Frack, um seiner Angebeteten in den Salons der ersten Klasse seine Aufwartung zu machen.

Hier entwirft Regisseur Cameron gleich ein ganzes Panoptikum ziemlich authentisch dargestellter Figuren: Cal Hockley (Billy Zane) kann sich meist im Verständnis der anderen wohlhabenden Passagiere sonnen, die mit ihm genüßlich ihre dicken Zigarren schmauchen und sich reichlich abfällig über alles äußern, was nicht ihrem finanziellen Niveau entspricht – nur die resolute Millionärsgattin Molly Brown (gespielt von

Der Proletarier im Frack: Kate Winslet und Kathy Bates begleiten Leo in die erste Klasse

Kathy Bates) steht Jack und Rose zur Seite. Sie hat das Herz noch auf dem rechten Fleck, ist nicht auf den Mund gefallen – und kennt Jacks Situation zum Teil aus eigener Erfahrung: Als Frau eines zu Geld gekommenen Fabrikanten wird sie wegen ihres Reichtums von den anderen Mitgliedern des Geld- und Blutadels zwar scheinbar anerkannt – doch in Wirklichkeit wird sie als »Emporkömmling« von den Herrschaften nur geduldet.

Daraus könnte sich nun eine herzzerreißende Liebesgeschichte mit Happy-End entwickeln – würde unserem Pärchen nicht die Schiffskatastrophe in die Quere kommen. Während des Untergangs der »Titanic« spielt der Film mit den Gefühlen der Zuschauer: Mal scheinen Jack und Rose unrettbar verloren, dann wieder überleben sie mit knapper

Not und sehen von einem Trümmerstück des hölzernen Schiffsaufbaus aus zu, wie der stolze Dampfer in den Fluten versinkt und vor allem zahlreiche Passagiere der dritten Klasse mit in die Tiefe nimmt.

Und schließlich doch das tragische Ende: Um Roses Leben zu retten, läßt Jack sie auf der Holzplanke sitzen, die nur das Gewicht eines Schiffbrüchigen tragen kann. Er kann sich zwar mit Roses Hilfe an ihrem hölzernen »Rettungsfloß« festhalten, doch nach einiger Zeit ist sein im eiskalten Atlantikwasser schwimmender Körper so sehr unterkühlt, daß er stirbt. Rose löst seine steifgefrorenen Finger schließlich von der Planke und schaut ihm mit verweinten Augen nach, wie er allmählich im Wasser versinkt.

Einige Zeit später wird zumindest Rose gerettet. Die nur spärlich gefüllten Rettungsboote der »Titanic« hatten sich in der allgemeinen Panik ein Stück weit vom sinkenden Schiff und den im Wasser um den Rumpf herum treibenden Überlebenden entfernt, um nicht von zu vielen Ertrinkenden geentert und damit zum Kentern gebracht zu werden. Makabrer Höhepunkt des Films: Die Insassen der Boote warten ab, bis ihrer Meinung nach genügend der schwimmenden Passagiere gestorben sind, um die restlichen Überlebenden sicher an Bord nehmen zu können. Daraufhin rudern sie zurück zum Ort des Unglücks – und angesichts der vielen im Wasser treibenden Leichen meint einer der Offiziere: »Mein Gott, wir haben zu lange gewartet ...«

Der Untergang als Millionenspiel

Der Film TITANIC kann sich sehen lassen. Die Story wurde packend umgesetzt, Regisseur Cameron mischte erfundene und authentische Charaktere so geschickt, daß bald kaum mehr ein Zuschauer mit Sicherheit sagen konnte, was nun erzählerische Freiheit und was dokumentarische Hintergrundinformation war. Die vielgelobte Tricktechnik hatte daran zwar auch ihren Anteil – doch sie hatte gelegentlich

Schwächen: Wenn zum Beispiel die »Titanic« den ersten Tag auf See schippert, wirken Horizont und Himmel im Hintergrund doch arg künstlich …

Fast ohne Schwachstellen dagegen sind die Geschichte selbst, die Erzählstruktur und die Leistung der Schauspieler vom Star bis zum letzten Nebendarsteller. Allein die Rahmengeschichte, die für die Zuschauer die Brücke von der Gegenwart zurück ins Jahr 1912 schlägt, ist ein kleines Meisterstück. Seit Jahren schon sucht Brock Lovett (Bill Paxton aus Twister) das Wrack des gesunkenen Luxusdampfers, weil er sicher ist, daß sich an Bord des Unglücksschiffes ein immens wertvoller Diamant befand – und damals mit der »Titanic« auf den Meeresgrund sank. Als er nun tatsächlich die Überreste des Schiffes entdeckt, bringen seine Taucher unter anderem eine vergilbte Aktzeichnung mit an die Wasseroberfläche, die eine junge Frau zeigt – und an einer Kette um ihren Hals ist ein riesiger Diamant zu sehen: das gesuchte »Herz des Ozeans«.

Nachdem die Zeichnung als eine Art Suchanzeige veröffentlicht wurde, meldet sich die mittlerweile 101jährige Rose Dawson Calvert (gespielt von der 87jährigen Gloria Stuart) bei Lovett und gibt sich ihm als die Unbekannte auf der Zeichnung zu erkennen – als die einstige Rose DeWitt Bukater, die in Jack Dawson die Liebe ihres Lebens gefunden und den protzigen Edelstein von ihrem reichen Verlobten Cal Hockley geschenkt bekommen hatte.

Nun erzählt die greise, aber noch ziemlich rüstige Rose die »Titanic«-Tragödie aus ihrer Sicht – der eigentliche Film beginnt. Als Jack im Jahr 1912 schließlich tot und Rose gerettet ist, kehrt die Kamera wieder zurück zur Erzählerin, der gealterten Rose des Jahres 1997. Der Rest der Rahmenhandlung gibt den meisten Zuschauern noch genügend Zeit, um sich im Dunkel des Kinosaals mehr oder weniger verstohlen die Tränen abzuwischen – und schließlich sorgt Rose noch für eine leise Schlußpointe: In einem unbeobachteten Moment nestelt sie den gesuchten Diamanten aus einer Tasche, stellt sich an

Eine der schönsten Szenen in TITANIC: *Leonardo und Kate Winslet*
»fliegen« am Bug

die Reling von Lovetts Bergungsschiff, läßt das teure Stück
unbemerkt über Bord gehen und lächelt versonnen auf die
Stelle, an der soeben mehrere Millionen Dollar auf Nimmer-
wiedersehen im Atlantik verschwanden – als später Gruß an
den geliebten Jack.

Solch herzzerreißende Szenen muß man erst einmal spielen
können, ohne daß die Riesenportion Romantik lächerlich
wirkt. Kate Winslet und Leonardo DiCaprio schaffen dieses
Kunststück und wirken dabei auf angenehme Art altmodisch
– so waren schon die klassischen Hollywood-Liebespaare der
50er und 60er Jahre erfolgreich: Sie tritt als verliebte junge
Frau auf, die sich lange dagegen wehrt, sich und ihrem Filmpartner ihre Verliebtheit einzugestehen – und er gibt den ungestümen, dabei manchmal sympathisch ungelenken Drauf-
gänger, der seine Angebetete trotz aller gesellschaftlichen

Unterschiede erobern will. Vor ein paar Jahrzehnten hätten wir in diesen Rollen wahrscheinlich Katharine Hepburn und James Stewart sehen können.

TITANIC wird zum »titanischen« Erfolg

Wohl auch, um das Interesse der amerikanischen Fans noch mehr anzuheizen, erlebte der amerikanische Spielfilm seine Kinopremiere nicht in den USA, sondern am 1. November 1997 in Japan – als Eröffnungsfilm des 10. Tokyo International Film Festival. Ein weiterer Grund für die Wahl der Premierenstadt, die zunächst etwas kurios anmutete: Leonardo DiCaprio war inzwischen zu einem der größten Filmstars in Japan aufgestiegen.

Der offizielle Filmstart erfolgte in beiden Ländern dann fast gleichzeitig: am 19. Dezember in den USA, am 20. Dezember in Japan. Die deutschen Fans mußten bis zum 8. Januar 1998 warten. Das Warten lohnte sich – auch das danach fällige Anstehen in langen Schlangen vor den Kinokassen. Und nicht nur das Publikum war begeistert: Selbst die Kritiker gaben sich in ihren Kommentaren fast schon enthusiastisch. Hier einige Beispiele:

»Fernab der üblichen Sommer-Popcorn-Ware präsentiert sich TITANIC als überwältigende Romeo & Julia-Geschichte mit Bildern, wie man sie noch nie auf der Leinwand gesehen hat. Nie zuvor hat ein Filmemacher Spezialeffekte so perfekt eingesetzt.« *(Blickpunkt: Film)*

»Phänomenal! Grandios! Fantastisch! Das atemberaubendste Abenteuer-Epos der 90er Jahre.« *(Pop/Rocky)*

»Kombination aus Romeo & Julia-Liebesdrama und spektakulärem Katastrophenthriller.« *(TV Movie)*

»Ein einzigartiges und erfolgreiches Stück Kino.« *(Focus)*
»›Titanic‹ ist eine grandiose Mischung aus Fiktion und Dokumentation.« *(Für Sie)*

»Drei Stunden schönste Unterhaltung der gehobenen Art.«
(Super Illu)

Viel war im Zusammenhang mit dem Kinofilm von dem Aufwand die Rede, der für die Produktion betrieben worden war – und von der Akribie, mit der Regisseur James Cameron und sein Team die Erzählung der bereits häufig verfilmten Havarie anpackten. Sogar die Filmaufnahmen aus dem Wrack der »Titanic«, die man zu Beginn des Films in der Rahmenhandlung sehen kann, sind echt – und wurden speziell für den Kinofilm aufgenommen. Dazu mietete James Cameron Ende September 1995 ein russisches Forschungsschiff an, fuhr mit ihm zur Unglücksstelle rund 500 Kilometer südlich von Neufundland und ließ seine Mitarbeiter insgesamt 20 Tauchgänge zu dem in 3800 Metern Tiefe auf Grund liegenden Wrack unternehmen.

Um das Innere des Wracks filmen zu können, mußte sogar eigens eine Kamera konstruiert werden, denn der rund 500 Tonnen betragende Druck der Wassermassen, dem das Gerät in 3800 Metern Tiefe standhalten mußte, machte es unmöglich, ein handelsübliches Modell zu verwenden. Michael Cameron, der Bruder des Regisseurs, dachte sich eine Lösung aus, konstruierte das Tiefsee-»Auge« mit Unterstützung eines Kameraherstellers und ließ es zu einem kleinen U-Boot umbauen, das relativ ungehindert durch die Innenräume des Wracks manövriert werden konnte. Zwölf Stunden Filmmaterial wurden mit der ferngesteuerten Konstruktion aufgenommen; daraus wurden zwölf Minuten zusammengeschnitten, die im Kinofilm zu sehen sind.

Mit ähnlichem Aufwand ging es weiter. Am 30. Mai 1996 begann der Bau des TITANIC-Studios, in dem die Außenaufnahmen vom Schiff entstehen sollten. Dafür wurde auf einem 160.000 Quadratmeter großen Gelände in Baja California an der mexikanischen Küste unter anderem ein riesiges Meerwasserbassin gebaut, das 64 Millionen Liter Wasser faßte. Außerdem entstand noch ein »Innenbecken« mit 20 Millio-

»Liebesdrama und Katastrophenthriller«: Szene aus TITANIC

nen Litern Fassungsvermögen, das von einer Halle über-
spannt wurde und die Crew damit von Wetterkapriolen un-
abhängig machte. Komplettiert wurde die gigantische Anlage
von verschiedenen Werkstätten, Garderoben, einem Requisi-
tenfundus und Büros für die Produktionsmitarbeiter. Angesichts dieser Anlage schwante Leonardo DiCaprio bereits,
»daß das kein Spaziergang im Park werden würde«.

Die technische Ausstattung, die während der Dreharbeiten
zum Einsatz kam, war vom Feinsten (und Teuersten). Prunk-
stück des Ganzen war natürlich das gigantische Modell des le-
gendären Passagierdampfers: Die auf Camerons Anweisungen hin nachgebaute »Titanic« war fast so groß wie das
Original, kostete aber mehr als eine schwimmtaugliche Kopie
des Schiffs. Ein Grund der Mehrkosten war unter anderem

der Wunsch des Regisseurs, die Film-»Titanic« während des Versinkens authentisch (sprich: an den »richtigen« Stellen) auseinanderbrechen lassen zu können. Das Modell wurde deshalb mit »Sollbruchstellen« und einigen zusätzlichen hydraulischen Vorrichtungen ausgerüstet.

Leonardos erste Eindrücke von der unglaublichen Kulisse: »Das Schiff, das man da buchstäblich in den Sand gesetzt und mit hydraulischen Hebeausrüstungen versehen hatte, war gigantisch. Einfach überwältigend. Da wurde mir erst richtig bewußt, was mir bevorstand.« Sogar die beiden größeren der verwendeten Kamerakräne sorgten für Aufsehen. Zwar werden in fast jedem Kino- und Fernsehfilm solche Vorrichtungen eingesetzt, die den Kameras per Hydraulik das »Fliegen« beibringen und eine sehenswerte Abwechslung zu den sonst üblichen »ebenerdigen« Perspektiven ermöglichen. Doch die Maße der TITANIC-Kräne waren beeindruckend: Um die Kameraleute für alle Szenen auf dem riesigen Schiffsmodell richtig in Position bringen zu können, hatte einer der Kräne einen Ausleger von stattlichen 25 Metern Länge – ein zweiter Kran mit 60 Metern Reichweite wurde sogar eigens für die Dreharbeiten konstruiert.

Doch auf einem so trockenen Plätzchen wie der auf dem Kranausleger sitzende Kameramann verbrachte längst nicht jedes Mitglied des TITANIC-Teams die Drehtage. Vor allem die Stars der Geschichte, Leonardo DiCaprio und Kate Winslet, denken noch heute mit Schrecken an die Dreharbeiten zurück. »Wir drehten wochenlang Szenen, bei denen Kate und ich im Wasser stehen mußten«, erzählte DiCaprio einmal. »Natürlich war das Wasser nicht kalt. Dennoch war es unangenehm. Raus aus den nassen Klamotten, rein in die nassen Klamotten. Es waren die Szenen, in denen wir im Wasser zwischen Hunderten von Passagieren im Nordatlantik trieben – die meisten bereits erfroren. Man hatte uns und den Komparsen das Gesicht grauweiß geschminkt und Wachs ins Haar geschmiert, damit es aussah, als wären wir bereits mit Eis verkrustet.«

Zum Teil entstanden diese Szenen am »Außenset« in Mexiko, der Rest wurde von Sommer 1996 an in Kalifornien gedreht, wo in der Stadt Escondido inzwischen die komplette Inneneinrichtung der »Titanic« bis ins kleinste Detail originalgetreu nachgebaut worden war. Zur gleichen Zeit filmte eine zweite Crew die Szenen für die Rahmenhandlung: Die Suche Brock Lovetts nach dem »Titanic«-Wrack und das Eintreffen von Rose Dawson Calvert vor Ort wurden auf demselben russischen Forschungsschiff gedreht, das James Cameron knapp ein Jahr zuvor schon für die Unterwasseraufnahmen der echten »Titanic« gechartert hatte.

Als der Film schließlich in die Kinos kam, trieb die Fans – neben aller Begeisterung für die Geschichte und ihre technische

»Wochenlang im Wasser«: Leo und Kate

Umsetzung – auch eine ganz andere Frage um: Haben Kate Winslet und Leonardo DiCaprio ihre herzzerreißend romantischen Liebesszenen tatsächlich nur gespielt – oder hat es zwischen den beiden auch privat »gefunkt«? Mit Fragen in diese Richtung ernteten Reporter von DiCaprio meist genervt verdrehte Augen, ein tiefes Seufzen – und Antworten wie diese: »Ich weiß nicht, warum man mich ständig danach fragt. Zwischen uns ist nichts gelaufen! Wir sind nur Kollegen, haben gut zusammengearbeitet und mochten uns sehr. Das war auch schon alles.« Und die leidenschaftlichen Küsse vor der Kamera? »O Mann! Ein Filmkuß ist Busineß! Mit Romantik hat das nichts zu tun. Du gehst die Kußszene fünf-, sechsmal durch. Du denkst dabei an jede kleine Bewegung, du fragst dich aber nie, was du fühlst, wenn du die Lippen des anderen spürst.«

Immerhin: Die beiden freundeten sich während der Dreharbeiten an, und Kate Winslet mußte noch Monate später grinsen, wenn sie sich für Interviews an die Zeit mit der TITANIC-Crew erinnerte – und vor allem an die Zeit mit Leonardo DiCaprio: »Wir waren die beiden verrückten Kinder des Drehs. Anfangs hatte ich Angst, daß er mich zu englisch und steif finden würde. Aber wir verstanden uns von der ersten Sekunde an phantastisch. Wir haben uns gegenseitig geholfen, so konnten wir den Streß besser abbauen.« Sogar Sex-Tips sollen die beiden ausgetauscht haben – auch das nur ein Gerücht? »Nein, nein«, prustete Kate Winslet, »das stimmt. Wir krochen unter Leos Decke in seinem Wohnwagen und sprachen über sehr persönliche Erfahrungen. Und das Beste: Die Tips, die er mir gegeben hat, haben funktioniert! Das gleiche kann ich für meine Tips übrigens auch behaupten …«

TITANIC bricht alle Rekorde

Viel war von Rekorden die Rede, wenn über TITANIC gesprochen und geschrieben wurde. Oft waren die Zahlen, die da präsentiert wurden, recht eindrucksvoll – doch manchmal nahm das Jonglieren mit Minuten und Moneten auch beinahe makabre Züge an. Da prahlte die Firma 20th Century Fox Home Entertainment, die TITANIC im Oktober 1998 in Deutschland als Leih- und Kaufkassette in den Handel brachte, unter anderem: »Der Film dauert 34 Minuten länger, als die ›Titanic‹ zum Sinken brauchte.« Na ja – ein etwas geschmackvollerer Vergleich wäre da vielleicht passender gewesen …

Immerhin: Die anderen Zahlen, mit denen 20th Century Fox in den Werbetexten für das »Titanic«-Video um sich werfen konnte, waren ziemlich beeindruckend.

Kinoeinnahmen weltweit: Als die Produktionsfirma am 14. August 1998 Zwischenbilanz zog, hatte der Film weltweit rund 1,8 Milliarden Dollar eingespielt. Damit stand TITANIC vor allen anderen Kinofilmen unangefochten auf Platz eins der »ewigen Geldrangliste«. Der bisherige Rekordhalter, Ste-

Das Ende naht – und die Kassen klingelten

ven Spielbergs Saurierspektakel JURASSIC PARK, hatte es seit seinem Start 1993 zwar auch auf bemerkenswerte 913 Millionen Dollar gebracht – im direkten Vergleich mit James Camerons Havarie-Hit aber nahm sich dieser Kassenknüller plötzlich nicht mehr so imposant aus.

Kinoeinnahmen in den USA: Allein in die Kinokassen der amerikanischen Lichtspielhäuser hatte TITANIC ungefähr 600 Millionen Dollar gespült – auch das bedeutete einen neuen Rekord. Bis dahin hatte KRIEG DER STERNE mit etwas mehr als 460 Millionen Dollar US-Box-Office die Hitparade angeführt.

Kinozuschauer in Deutschland: Vom 8. Januar bis zum 14. August 1998 strömten allein in der Bundesrepublik 17,5 Millionen Zuschauer in TITANIC-Vorstellungen. Damit hätte fast jeder vierte Bundesbürger (Kinder und Greise eingeschlossen) den Film schon gesehen – wenn nicht manche TITANIC-Fans den Film mehrmals genossen hätten … Doch wie oft manche Freaks auch drei Stunden lang im Kinosessel geschnieft und geschneuzt haben mögen: Nie zuvor lockte ein Film mehr Zuschauer in deutsche Kinos, 16 Wochen lang führte TITANIC die deutschen Kinocharts an. Und Mitte August war der Siegeszug des Films noch lange nicht beendet – erst Mitte Oktober kündigten immer mehr Kinos an: »Letzte Vorstellung«. Damit räumten sie vermutlich das Feld für die Videohändler, die ja im selben Monat mit der Heimkinoversion des Erfolgsfilms an den Start gingen.

Mit 14 Oscar-Nominierungen und dem Gewinn von schließlich elf der begehrten Auszeichnungen überflügelte TITANIC sogar den bisherigen Rekordhalter BEN HUR: Charlton Hestons bejubelter Auftritt als Held des Historienschinkens, der unter anderem durch das weltberühmte Wagenrennen zur Legende wurde, hatte 1959 ebenfalls elfmal Hollywoods wichtigsten Filmpreis erhalten – war damals allerdings »nur« in zwölf Kategorien nominiert worden.

Und gleich noch zwei weitere Oscar-Besonderheiten, für die TITANIC sorgte: Erstmals wurden zwei Schauspielerinnen für diesen Filmpreis nominiert, die im Film dieselbe Figur ver-körperten (Gloria Stuart als alte, Kate Winslet als junge Rose) – und die 87jährige Gloria Stuart war die älteste Schau-spielerin, die jemals für einen Oscar vorgeschlagen wurde.

Auch die finanziellen »Nebengeräusche« des Films waren außergewöhnlich groß. So stand James Camerons Dokumen-tation über die Produktion von TITANIC auf Platz eins der von der *New York Times* veröffentlichten Bestsellerliste – nie zu-vor hatte das »Making of«-Buch irgendeines Kinofilms diese Hitparade angeführt.

Und schließlich sorgte auch die Filmmusik für volle Kassen. James Horners Original-Soundtrack wurde weltweit mehr als 23millionenmal auf Platte verkauft – nie zuvor hatte ein Film-musikalbum diese Marke erreicht. Auch der Love-Song »My Heart Will Go on« mit Céline Dion brach einige Rekorde – unter anderem war er der bis dahin erfolgreichste Singletitel von Céline Dions Plattenfirma.

Allerdings sprengte auch der Aufwand, der für den Film und seine Plazierung in den Kinos betrieben wurde, alle bisher be-kannten Grenzen. Mit deutlich mehr als 200 Millionen Dollar stellten die Produktionskosten alles bisher Dagewesene klar in den Schatten – und weitere Millionen wurden dafür ausge-geben, das Interesse der Fans mit Anzeigen, Vorfilmen und verschiedenen Aktionen auch ausreichend anzuheizen. Die Rechnung ging zwar auf und die herbeiströmenden Zuschau-er machten TITANIC zu dem Film, der den größten Umsatz der Kinogeschichte einspielte – wer allerdings das kaufmännisch interessante Verhältnis von Aufwand und Ertrag errechnet, wird überrascht feststellen, daß TITANIC zumindest unter die-sem Aspekt längst nicht der erfolgreichste Film aller Zeiten ist. Zuletzt wurde die Produktion in dieser Hinsicht auch von der britischen Komödie GANZ ODER GAR NICHT ausgesto-chen. Und besonders schlecht, so errechnete es die deutsche Filmzeitschrift *Cinema* für ihre Juliausgabe 1998, schneidet James Camerons Kinohit im Vergleich mit dem Disco-Oldie GREASE mit John Travolta und Olivia Newton-John ab:

Während TITANIC seinen Produzenten mit einer Rendite von stolzen 832 Prozent viel Freude bereitete und den Investoren damit für jede ausgegebene Mark 8,32 Mark einbrachte, dürfte die Rendite des gerade mal sechs Millionen US-Dollar billigen GREASE mit sagenhaften 5683 Prozent (!) kaum zu übertreffen sein.

Oscar sorgt für Freude – und Ärger

Am 16. Mai 1929 vergab die Academy of Motion Picture Arts and Sciences in Hollywood ihre Filmpreise zum ersten Mal, doch die kleine, gerade mal viereinhalb Minuten dauernde Prozedur im Hollywood Roosevelt Hotel erregte nicht viel Aufmerksamkeit. Die Auszeichnungen, die offiziell eigentlich Academy Awards of Merit for Distinctive Achievements (zu deutsch etwa: Verdienstpreise für herausragende Leistungen) heißen, sollten nach den Vorstellungen von Metro-Goldwyn-Mayer-Chef Louis B. Mayer für die Filmindustrie werben und eine Umsatzkrise beenden helfen, die der Kinobranche in den 20er Jahren zu schaffen machte.

Der Herstellungspreis der 34 Zentimeter hohen, aus Kupfer und Zinn geformten, mit einer Goldschicht überzogenen und etwa sieben Pfund schweren Statuette beträgt rund 200 Dollar – doch der ideelle Wert macht sie zum begehrtesten Filmpreis der Welt.

Als die Academy of Motion Picture Arts and Sciences am 23. März 1998 zur alljährlichen Gala anläßlich ihrer Oscar-Preisverleihung bat, durfte sich das Team von TITANIC schon einmal auf eine wahre Auszeichnungsflut für sein Projekt gefaßt machen: Immerhin in 14 Kategorien war der Film für der begehrten Preise nominiert – und als die Gala vorüber war, staunte die Branche nicht schlecht: Insgesamt elf der gold-überzogenen Ehrenmännchen durfte das »Titanic«-Team mit nach Hause nehmen. Doch es gab auch Ärger. So erschien Leonardo DiCaprio nicht zur feierlichen Verleihung. Es fuchste ihn, daß er nicht einmal nominiert war.

Die Oscars für TITANIC im einzelnen:

Bester Film: Der begehrteste aller Oscars wird dem Produzenten des Films übergeben – in diesem Fall dem Duo James Cameron und Jon Landau – und gilt als die Krönung der alljährlichen Oscar-Gala.

Bester Regisseur: Auch dieser Preis ging an James Cameron.

Bester Filmschnitt: Damit wird die Arbeit der Cutter belohnt, die durch Beschneiden und Aneinandersetzen der einzelnen Szenen das Timing und den Erzählstil des Films bestimmen. Neben Conrad Buff IV und Richard A. Harris wurde auch diesmal James Cameron geehrt: Er war außer als Regisseur und Koproduzent auch noch als Mitglied des Cuttertrios am Film beteiligt.

Beste Kamera: Russell Carpenter verdiente sich seinen Oscar mit TITANIC – doch in der Branche hatte er sich zuvor schon durch TRUE LIES oder DER RASENMÄHER-MANN einen guten Ruf erarbeitet.

Beste Ausstattung: Für die authentische Wirkung der TITANIC-Geschichte hatten die beiden Filmausstatter Peter Lamont und Michael Ford einen immensen Aufwand betrieben. Jedes Möbelstück, jedes Detail des Luxusliners wurde akribisch nach historischen Vorbildern gebaut. Zuvor hatte Lamont unter anderem die Ausstattung für GOLDENEYE und 14 weitere James-Bond-Filme betreut.

Beste Kostüme: Auch die Arbeit von Deborah Lynn Scott wurde mit einem Preis gewürdigt – sie hatte die Stars und zahlreichen Nebendarsteller mit stilechter Kleidung ausstaffiert. Vor TITANIC hatte sie unter anderem dafür gesorgt, daß Schauspieler wie Brad Pitt und Anthony Hopkins in der Erfolgsromanze LEGENDEN DER LEIDENSCHAFT korrekt gekleidet waren.

Beste Filmmusik: Der Komponist und Dirigent James Horner ist einer der meistbeschäftigten Tonsetzer Hollywoods – der Soundtrack zu TITANIC war auch in kommerzieller Hinsicht seine bisher erfolgreichste Filmmusik.

Bester Filmsong: Wochenlang führte die kanadische Sängerin

Céline Dion mit der herrlichen Ballade »My Heart Will Go on« die internationalen Hitparaden an. Ausgezeichnet wurde allerdings nicht die Sängerin, sondern der Komponist (James Horner) und der Texter (Will Jennings) des Ohrwurms, der zum Finale des Films aus den Lautsprechern klang.

Bester Ton: Diese Kategorie wurde in den vergangenen Jahren immer mehr beachtet – und kurbelt unter anderem auch die Geschäfte jener Firmen an, die Lichtspielhäuser in aller Welt mit immer aufwendigeren Raumklang-Lautsprecher-Systemen ausstatten. Auch deren Manager können sich bei den Oscar-Preisträgern Gary Rydstrom, Tom Johnson, Gary Summers und Mark Ulano bedanken.

Beste visuelle Effekte: Für die in den meisten Passagen herausragende optische Darstellung der Schiffskatastrophe wurden Robert Legato, Michael Kanfer, Thomas Fisher und Mark A. Lasoff ausgezeichnet.

Bester Toneffektschnitt: Da kann ein Dampfer noch so spektakulär im Atlantik versinken – ohne den passenden Ton der berstenden Planken, der platzenden Stahlnieten und der kollabierenden Schiffsturbinen kommt die sündhaft teure Trickoptik nur halb so gut zur Geltung. TITANIC gab sich hier keine Blöße – dafür bekamen Tom Bellfort und Christopher Boyes ihren Oscar.

Nominiert, aber nicht ausgezeichnet: Gloria Stuart kam für ihren Auftritt als 101jährige Rose in die engere Wahl für einen Oscar als beste Nebendarstellerin; Kate Winslet war eine von fünf Schauspielerinnen, die für einen Preis in der Kategorie »beste Hauptdarstellerin« vorgeschlagen waren; und schließlich ging TITANIC trotz Nominierung in der Kategorie »bestes Make-up« leer aus.

Aufregung um Leonardo

Obwohl der Film TITANIC mit Oscars geradezu überhäuft wurde, sorgte ausgerechnet die wie in jedem Jahr ziemlich protzig aufgezogene Gala anläßlich der Verleihung der be-

Da war er noch guter Dinge: Leo bei der Hollywood-Premiere von
TITANIC *am 14. Dezember 1997*

gehrtesten Filmpreise der Welt für Mißstimmungen bei einigen aus der TITANIC-Crew. Zunächst war Kate Winslet sauer, weil sie keinen Oscar für die beste weibliche Hauptdarstellerin bekommen hatte – obwohl sie eigentlich dankbar dafür hätte sein sollen, überhaupt *nominiert* gewesen zu sein: Ihre Leistung in dem Film ist durchaus respektabel, aber nun auch wirklich nicht so überragend, daß sie damit alle anderen Hauptdarstellerinnen des zurückliegenden Jahres überflügelt hätte.

Und auch Leonardo DiCaprio war offenbar ein bißchen eingeschnappt: Er war nicht einmal nominiert worden (auch das trotz seiner sehr soliden Leistung eine nachvollziehbare Entscheidung der Jury) und lästerte immer wieder in Interviews über seine Nichtnominierung: »TITANIC hat für die Oscar-Verleihung 14 Nominierungen bekommen – das ist exakt eine für jedes Rettungsboot.« Keine Frage: Der Jungstar war beleidigt. Und er suchte die Gründe dafür, nicht berücksichtigt worden zu sein, auch auf eher unsicherem Terrain: »Die Jury mag traditionell keine sehr jungen, sehr erfolgreichen und gutaussehenden Schauspieler – das war schon bei James Dean so. Der Superstar der 50er Jahre war ebenfalls nie für einen Oscar nominiert …«

Nun: Nominiert worden war Leonardo DiCaprio ja zuvor schon einmal – für seine Rolle in GILBERT GRAPE. Und über seiner Enttäuschung sollte der US-Schauspieler nicht vergessen, daß der Oscar eigentlich für die besten, nicht für die kommerziell erfolgreichsten Leistungen im Filmgeschäft vergeben wird. Die Juroren vergessen das zwar selbst manchmal – doch in diesem Fall wären unsere beiden Jungstars durch einen der begehrten Preise doch ein bißchen zu sehr hofiert worden. Und wäre es nicht absurd, Leonardo DiCaprio für TITANIC einen Oscar zu verleihen –für GILBERT GRAPE, THIS BOY'S LIFE oder MARVINS TÖCHTER aber keinen?

DiCaprio jedenfalls war so angefressen, daß er schließlich erst gar nicht zur Gala anläßlich der Oscar-Verleihung erschien. Genau das aber hätte Regisseur James Cameron natürlich gerne gesehen – als eine Art Verbeugung vor ihm und den anderen Beteiligten dieser Mammutproduktion, die mit insgesamt elf Oscars gesegnet wurden. Entsprechend harsch kanzelte Cameron den Hollywood-Star dann auch ab, als die Musikzeitschrift *Rolling Stone* ihn zum Interview bat. Als »verzogener Punk« habe sich DiCaprio geoutet, schimpfte der Regisseur noch Monate nach der Oscar-Gala, und ähnlich nett ging es weiter: »Es war eine Brüskierung nicht nur für den Film als solchen, sondern auch für die Leute, die Blut und Wasser für das Projekt geschwitzt haben.« Damit meinte sich Cameron wohl größtenteils selbst, denn TITANIC gilt in der Branche allgemein als sein Leib-und-Magen-Projekt. Als die Produktionskosten während der Dreharbeiten geradezu explodierten und der Film daraufhin gekippt zu werden drohte, verzichtete Cameron unter anderem auf seine Beteiligung am Einspielergebnis – wie er heute weiß, kam ihn diese Entscheidung teuer zu stehen. Obwohl ihm die Produktionsfirmen Fox und Warner schließlich freiwillig einige Milliönchen Dollar als Bonus zahlten.

Für die meisten Beobachter blieb nach der Oscar-Gala jedenfalls ein seltsam zwiespältiger Eindruck zurück, denn auch DiCaprio und Winslet hatten in Interviews gelegentlich spitze Bemerkungen über den als rücksichtslosen Perfektionisten geltenden Cameron fallenlassen: Offenbar hatten sich hier Leute zu einer Crew zusammengefunden, die außer durch den Film selbst durch nichts verbunden waren – eine bloße Zweckgemeinschaft, wenn auch eine sehr erfolgreiche. Soviel zu dem gelegentlich gepflegten Klischee, am Drehort seien alle Beteiligten stets eine große Familie …

Wenigstens schien sich DiCaprio mit der Zeit wieder ein bißchen zu beruhigen, wenn es um das leidige Thema der TITANIC-Oscars ging. »Es wird schon für irgend etwas gut sein«, versuchte er dem Ganzen eine positive Seite abzugewinnen. »Ich fühle mich sehr geehrt, daß ich an so einem historischen Filmereignis wie TITANIC teilhaben durfte. Das passiert einem nicht alle Tage. Das ist sicher etwas, das ich noch meinen Enkelkindern erzählen werde. Ich hoffe, daß ich in den Filmen, die noch vor mir liegen, wieder einmal so eine tolle Rolle spielen darf. Vielleicht habe ich ja dann mehr Glück. Außerdem bin ich noch heute sehr dankbar, daß ich 1994 eine Nominierung als bester Nebendarsteller für GILBERT GRAPE – IRGENDWO IN IOWA bekommen habe.«

Jungstar mit Maske –
seltsam blaß als historischer Held

Vom »König der Welt« zum »Sonnenkönig«

Nach seinem filmischen Abstecher auf den anno 1912 gesunkenen Luxusdampfer »Titanic« ging Leonardo DiCaprio noch weiter zurück in der Geschichte: Für die Verfilmung eines Romans von Alexandre Dumas stand er von April 1997 an in Frankreich vor der Kamera. Mit dem Titel DER MANN IN DER EISERNEN MASKE kam die Produktion 1998 in die deutschen Kinos, sollte ein Abenteuerfilm vor historischer Kulisse werden – und ein wahres Aufgebot an internationalen Stars präsentieren: Neben Leonardo DiCaprio wurden Jeremy Irons (DAS GEISTERHAUS), Gérard Depardieu (GREEN CARD), John Malkovich (GEFÄHRLICHE LIEBSCHAFTEN), Gabriel Byrne (DIE ÜBLICHEN VERDÄCHTIGEN) und Anne Parillaud (NIKITA) engagiert.

Das Projekt wurde zwar von einem Regiedebütanten geleitet, doch Randall Wallace hätte sich für seinen ersten Spielfilm kaum eine bessere Story aussuchen können: Kostümstreifen waren wieder in Mode, und Hollywood hatte offenbar sein Herz für Themen entdeckt, die lange Zeit (vor allem in den 80er Jahren) als »altmodisch« galten. Der Western erlebte seit einigen Jahren eine Renaissance, der Helden-Oldie Zorro durfte wieder mit dem Degen sein »Z« in die Luft schreiben, und auch Katastrophen waren wieder in Mode wie einst im Mai.

Nun also eine Leinwandfassung von Dumas' Abenteuergeschichten – auch das hat Tradition. Unzählige Male wurde der Abenteuerroman um DIE DREI MUSKETIERE verfilmt, mit dem der französische Schriftsteller Alexandre Dumas im 19. Jahrhundert einen Bestseller landete. Schon Dumas hatte sich von seinem Erfolg dazu verleiten lassen, Fortsetzungen der Geschichte um die königstreuen Elitegardisten zu schreiben

DER MANN IN DER EISERNEN MASKE

– und eine solche Fortsetzung wird auch in DER MANN IN DER
EISERNEN MASKE (Dumas' gleichnamiges Buch erschien
1850) erzählt.

Wir befinden uns in Frankreich, in der zweiten Hälfte des

17. Jahrhunderts. Alexandre Dumas' Musketiere – die trotz des Buchtitels schon in der Romanvorlage eigentlich zu viert waren: D'Artagnan, Athos, Porthos und Aramis – sind in die Jahre gekommen. Drei von ihnen haben mittlerweile den Dienst quittiert, weil sie sich mit dem ebenso tyrannischen wie zynischen Regierungsstil des jungen Königs Ludwig XIV. nicht identifizieren wollen. Nur einer, d'Artagnan, dient dem selbstverliebten Monarchen noch immer und ist Chef von dessen Leibgarde – doch in Wirklichkeit ist er weniger dem König gegenüber loyal als dessen schöner, verwitweter Mutter, in die er bis über den federgeschmückten Hut verliebt ist. Seinen drei ehemaligen Mitstreitern geht das Verhalten des Tyrannen immer mehr gegen den Strich, doch noch wollen sie nicht offen gegen den Monarchen aufbegehren. Da bittet

Leonardo als Zwillingsbruder von Frankreichs König Ludwig XIV.

Ludwig XIV. Aramis um Hilfe – dieser ist inzwischen Priester geworden und soll nun den unbekannten General des Jesuitenordens ans Messer liefern, um damit den zunehmenden Widerstand der Jesuiten gegen Ludwigs Regentschaft zu brechen. Zum Schein nimmt Aramis den Auftrag an – denn in Wirklichkeit ist er selbst der gesuchte Königskritiker. Als Ludwig XIV. kurz darauf Athos' Sohn Raoul an die Kriegsfront schickt, um ihm seine hübsche Verlobte Christine auszuspannen, und Raoul wenig später ums Leben kommt, ist das Maß für die drei alten Kämpfer voll.

Schließlich erfahren sie von einem geheimnisvollen Gefangenen, der seit Jahren im tiefsten Kerker einer verlassenen Festung an der bretonischen Atlantikküste schmachtet und dessen Gesicht von einer fest verschlossenen eisernen Maske verdeckt wird: Es handelt sich um Philippe, den Zwillingsbruder des Königs, der gleich nach der Geburt beiseite geschafft und ins Gefängnis gesteckt wurde, um die Macht des künftigen Königs von Frankreich nicht durch Thronstreitereien zwischen Brüdern zu gefährden.

Bald ist der Plan, mit dem die drei in Ehren ergrauten Herrschaften ihrem Land zu einer besseren Zukunft verhelfen wollen, ausgeheckt: Der königliche Gefangene soll befreit und anstelle seines tyrannischen Bruders auf den französischen Thron gesetzt werden. Auch d'Artagnan wird eingeweiht – doch er weigert sich, an dem Komplott mitzuschmieden, um nicht die geliebte Königinmutter zu hintergehen und seinen Schwur dem noch regierenden »echten« König gegenüber zu brechen.

Aus dieser verzwickten Situation entwickelt sich ein munterer, unterhaltsamer und mit Pointen gespickter Film in bester Mantel-und-Degen-Tradition. Der versteckte Bruder wird aus dem Verlies befreit, die geschmiedete Maske wird ihm vom Gesicht genommen – und er erweist sich zum Glück als netter Zeitgenosse, der sich von seinem fiesen, launischen und machthungrigen Bruder unterscheidet wie Tag und Nacht. Rein äußerlich ähnelt er dem egozentrischen Herr-

Der tyrannische König

scher jedoch wie ein Ei dem anderen – und mit jedem Tag
wird er ihm noch ähnlicher: Über Wochen hinweg wird er auf-
gepäppelt und im sicheren Umgang mit Benimmregeln und
königlicher Etikette geschult.

Und natürlich kommt es zum längst erwarteten Showdown:
drei Musketiere gegen einen, und ein königlicher Zwillingsbruder gegen den anderen. Nicht einmal als der Tausch der
Zwillinge geklappt hat, sind alle Gefahren überstanden: Noch
könnte der Wechsel auf dem Thron bemerkt und von einigen
ehrgeizigen Hofschranzen wieder rückgängig gemacht werden – doch auch das überstehen unsere Helden natürlich, und
zum Finale sind sich alle vier Musketiere wieder einig: Alle
für einen, und einer für alle.

Einer für beide – das war dagegen die Devise für Leonardo

DiCaprio: Er spielte den herrischen König und seinen sympathischen Bruder. Allerdings blieb er in DER MANN IN DER EISERNEN MASKE seinem Talent einiges schuldig. Denn obwohl er die Verwandlung vom Fiesling zum Unterdrückten und wieder zurück bravourös meisterte, wirkte er insgesamt doch unerwartet blaß in seiner eigentlich recht ergiebigen Doppelrolle. Ein ungewohntes Erlebnis für Leonardo-Fans: Ihr Idol steht mit international renommierten Stars (»Gérard Depardieu und Jeremy Irons sind Idole von mir«) vor der Kamera – und es gelingt ihm nicht, die Kollegen an die Wand zu spielen.

Ein Blick hinter die eiserne Maske

An mangelnder Faszination durch den Stoff kann die seltsam unspektakuläre Leistung Leonardos kaum gelegen haben. »Ich finde, daß es nicht viele Filme wie diesen gibt«, schwärmte er, als er danach gefragt wurde, ob ihn das Drehbuch gleich für das Projekt eingenommen hätte. »Der Film funktioniert auf verschiedenen Ebenen, und die Geschichte ist so komplex. Es gibt so viele Wendungen, und sie zieht einen wirklich in ihren Bann. Als ich das Drehbuch begonnen hatte, konnte ich es nicht mehr zur Seite legen.«
Das klingt phantastisch – doch in Wirklichkeit hatte sich der US-Jungstar nicht gerade spontan für die Mitarbeit entschieden. Russell Smith, der Produzent des Films, hatte bereits Gérard Depardieu und John Malkovich für das Projekt gewinnen können – und mit den beiden bekannten Namen als »Zugpferden« tat sich das Team bei der Verpflichtung weiterer Darsteller natürlich viel leichter. Dennoch: Leonardo DiCaprio, der von Anfang an für die Doppelrolle Ludwig/ Philippe vorgesehen war, gab dem Team zunächst einen Korb. Smith: »Also sahen sich die Casting-Leute nach anderen Schauspielern um.« So schnell wollte der Produzent aber nicht aufgeben: »Ich sagte ihnen, daß ich nicht nur glaubte, daß Leonardo den Film würde machen wollen, sondern auch, daß ich

ihn dazu bekommen könne, zuzusagen.« Und das schaffte er dann auch: »Ich kannte seinen Manager, und aus dem, was er sagte, las ich, daß es noch eine Chance gab. Es gibt ja auch keinen anderen 22jährigen, der das kann, was Leonardo draufhat.« Schließlich sagte Leonardo DiCaprio zu.

Als die illustre Besetzung schließlich zusammengestellt war, rieb sich Produzent Smith die Hände – und das offenbar nicht nur wegen der damit gestiegenen Chancen auf einen kommerziellen Erfolg: »Ich komme von einer Ensembletheatergruppe, und ich mag die Arbeit, die innerhalb eines solchen Zusammenspiels entsteht – sonst geht bei Filmen ja der Trend dahin, einen Star zu haben und ihn mit Nebendarstellern zu umgeben. Und hier konnten wir ein Ensemble aus lauter Stars vereinen.« Da hatte er wohl recht: Leonardo DiCaprio (als Ludwig XIV. und sein Zwillingsbruder Philippe), Jeremy

DER MANN IN DER EISERNEN MASKE: Szene mit Leonardo und Judith Godrèche

Irons (Aramis), John Malkovich (Athos), Gérard Depardieu (Porthos) und Gabriel Byrne (d'Artagnan) – eine solche Garde renommierter Schauspieler konnte nun wirklich nicht jede Produktion vorweisen.

Die Schauspieler schätzten sich untereinander offenbar sehr. So schien Gérard Depardieu, der Darsteller des anfangs frustrierten Lebemannes Porthos, noch nach Drehschluß ganz begeistert zu sein: »Einen historischen Film mit John Malkovich, Jeremy Irons, Gabriel Byrne und Leonardo DiCaprio zu drehen, mit all diesen wunderbaren Schauspielern, das ist wie ein wahr gewordener Traum für mich.«

Doch insgeheim hatten wohl nicht nur der Regisseur und sein Team hinter den Kameras Bedenken, ob die Zusammenarbeit mit den fünf sehr selbstbewußten Hauptdarstellern (und einigen ebenso renommierten Nebendarstellern wie der französischen Diva Anne Parillaud als Königinmutter Anne) nicht vom Traum- zum Alptraumjob mutieren könnte. Schließlich wurde allen fünf Stars nachgesagt, daß sie inzwischen sehr wohl wußten, was sie wollten – und wie sie es durchsetzen konnten.

Auch Leonardo DiCaprio sah dem ersten Zusammentreffen mit seinen prominenten Kollegen in Frankreich etwas unsicher entgegen: »Am Anfang habe ich das Schlimmste befürchtet, einfach weil da all diese Burschen waren, die schon für zahllose Preise nominiert waren und die bei den Kritikern hoch angesehen sind – weltberühmte Schauspieler eben.« Eine solche Berühmtheit war zwar auch der junge Amerikaner inzwischen geworden – doch die Dreharbeiten hatten noch vor dem großen Erfolg mit TITANIC begonnen. Und zumindest Leonardo DiCaprio selbst schätzte sein Renommee bei Kritikern und Kollegen trotz seiner Glanzleistungen in GILBERT GRAPE oder SCHNELLER ALS DER TOD scheinbar noch nicht besonders hoch ein. Außerdem war er gespannt, wie die Hauptdarsteller wegen ihrer unterschiedlichen Arbeitsweise am Set miteinander klarkommen würden: »Ich war gespannt, wie das funktionieren würde. Schließlich hat jeder seine ganz

Leonardo mit John Malkovich

eigene Art, an einen Charakter heranzugehen und zu spielen.«

Doch dann schien alles viel einfacher über die Bühne zu gehen als befürchtet. »Als wir dann erst einmal alle zusammen
waren«, war DiCaprio überrascht, »gab es eine völlig ent-
spannte Stimmung – das hatte ich nicht erwartet. Sie trieben
alle die ganze Zeit über Unsinn und machten Scherze wie ein
paar Schuljungs, und ich durfte dabei munter mitmachen.«
John Malkovich, der schon für einen seiner früheren Filme
gelernt hatte, mit dem Degen umzugehen, brachte Leonardo
DiCaprio das Fechten bei, und sogar »nach Feierabend«
saßen die Schauspieler ab und zu zusammen. Besonders gern
erinnert sich DiCaprio an einen Abend bei Gérard Depardieu: »Gérard hat uns alle auf sein Weingut eingeladen, wo

DER MANN IN DER EISERNEN MASKE

wir ganz köstlich bewirtet wurden. Ich glaube, ich hatte hinterher von dem vielen Wein ganz schön einen sitzen.«
Auch dem Regisseur des Kostümfilms machten es die Schauspieler recht einfach: Randall Wallace führte für DER MANN IN DER EISERNEN MASKE das erste Mal überhaupt bei einem Spielfilm Regie. »Das nennt man wohl eine Feuertaufe«, konnte Wallace nach dem letzten Drehtag aufatmen, »aber die Schauspieler waren großzügig und großherzig. Mit solchen Schauspielern sein Regiedebüt zu geben, war eine großartige Erfahrung.«
Und die Darsteller gaben das Lob nach Kräften zurück. »Zwischen uns baute sich rasch ein Vertrauensverhältnis auf«, meinte Leonardo DiCaprio anerkennend. »Er war phantastisch – wirklich phantastisch. Und ich sage das nicht nur, um ihm auf die Schulter zu klopfen.« Auch Gabriel Byrne

klang nach dem Ende der Zusammenarbeit ganz begeistert: »Randall hat sich während der Drehzeit zu einem sehr sicheren und selbstbewußten Regisseur entwickelt, und er weiß genau, was er will. Ich muß sagen, er kann wirklich hervorragend mit Schauspielern umgehen, er macht Mut und unterstützt und weiß, wie man das Beste aus jedem einzelnen herausholt.«

Wie bereits erwähnt: In Leonardo DiCaprios Fall scheint ihm das im Hinblick auf dessen schauspielerische Leistung nur zum Teil gelungen zu sein – dafür brachte er das Kunststück fertig, den aufstrebenden Hollywood-Star zu überzeugen, einige Passagen des Films nur mit der Wirkung seiner Augen und mit seiner Körperhaltung zu bestreiten: versteckt hinter einer schaurig-schönen, eisernen Maske. »Es war wirklich ein klaustrophobisches Gefühl«, erinnerte sich DiCaprio später, »und nach den ersten zehn Minuten unter der Maske hätte ich aus lauter Frustration am liebsten meinen Kopf gegen die Wand geschlagen. Da sie aber – und so verlangte es eben die Rolle – zu einem Teil des eigenen Körpers werden sollte, probierte ich es immer wieder neu aus. Und nach einer gewissen Zeit wurde sie dann tatsächlich zu einem Teil von mir. Ich mußte nur den Drang bekämpfen, mir das Ding vom Gesicht zu reißen.«

Nach und nach verstand der junge Amerikaner, daß Regisseur Randall Wallace die Figur des maskierten Gefangenen auch symbolisch für eine aktuelle politische Persönlichkeit sah: »Als ich mit Randall darüber sprach, entdeckte ich, daß er den Charakter als eine Art Nelson-Mandela-Figur betrachtete, der so lange eingesperrt war. Mandela wurde freigelassen und regiert jetzt sein Land. Auch das war eine Situation, in der der Geist über den Körper siegen und fähig sein muß, sich selbst zu kontrollieren und nicht über das Ziel hinauszuschießen.«

Leonardo DiCaprio privat –
Bodenhaftung dank der Familie

Fans und Fotografen

»Mir schwirrt schon manchmal ganz schön der Kopf«, verriet Leonardo DiCaprio einmal, als er nach den Gefühlen gefragt wurde, die seine ungeheure Popularität in ihm auslöst. »In Amerika kann ich mich kaum noch in der Öffentlichkeit blicken lassen, überall werde ich gleich erkannt, und die Leute wollen ein Autogramm von mir. Ich hätte nie gedacht, daß ich so viele Fans habe.«

Doch während er seinen »normalen« Fans meist ganz gerne lächelnd zuwinkt oder ihnen Autogramme gibt, ist er durch seine Berühmtheit zunehmend auch ins Visier von Boulevardreportern geraten, die unbedingt Details aus seinem Privatleben ans Licht der Öffentlichkeit zerren wollten. Und ob nun diese Geschichten, die aus solchen aufgeschnappten Details mit heißer Nadel gestrickt werden, immer der Wirklichkeit entsprechen oder nicht: Die Komplikationen, die sich aus solchen Berichten ergeben können, sind allzu oft durchaus real.

Besonders fette Schlagzeilen machte zum Beispiel 1997 die Meldung, Leonardo DiCaprio sei mit einer ebenso attraktiven wie prominenten Kollegin liiert. Ausgerechnet mit Superstar Demi Moore habe der begabte Senkrechtstarter angebandelt, mit seinem jungenhaften Charme also dem millionenschweren Actiondarsteller Bruce Willis die Ehefrau ausgespannt. Die packende Story von Demis Seitensprung und Leonardos Liaison erfüllte alle Anforderungen, die man gemeinhin an eine spannende Zeitungsgeschichte stellt: reichlich Herz, ein kräftiger Schuß Sex, dazu Fotos, die das Pärchen beim gemeinsamen Besuch einer Veranstaltung zeigten. Nur einen Haken hatte die Story: Sie stimmte nicht. Leonardo: »Wir waren einkaufen, sind zu ihr nach Malibu gefahren, haben uns mit Freunden einen Film angesehen, und um zehn Uhr abends bin ich nach Hause gegangen. Das war's! Wenn ich zu jedem Unsinn etwas sagen würde, der über mich in der Zeitung steht, käme ich nicht mehr dazu, Filme zu drehen!« Doch trotz des entschiedenen Dementis soll es Ärger gegeben haben. Bruce Willis stellte Demi nach Veröffentlichung der Meldungen angeblich zur Rede, und eine Zeitlang schien es wegen der Geschichte in der Ehe der beiden zu kriseln. Und wahrscheinlich tat Leonardo DiCaprio in diesen Tagen gut daran, dem muskelbepackten Willis nicht über den Weg zu laufen. Ob die angebliche Affäre auch mit schuld daran war, daß sich Bruce Willis und Demi Moore trennten, weiß natürlich niemand.

Auch in den internationalen Revolverblättern ist die vermeintliche Sensation um Demi und Leonardo mittlerweile kein Thema mehr. Wozu auch – schließlich hatten sich einige Reporter inzwischen auf eine ganz andere »Neuigkeit« versteift: Sie schoben dem jungen Star nun homosexuelle Neigungen unter. Da konnte Leonardo DiCaprio nur mit den Schultern zucken: »Das ist der Preis des Lebens als Star, damit muß ich leben! Aber natürlich stimmt davon kein Wort!« Zum Preis, den Leonardo für seine Berühmtheit zahlen mußte, gehörte natürlich auch, daß ihm Paparazzi, wie Sensationsfotografen in der Szene genannt werden, an jeder Ecke auflauerten. Doch nicht immer wird aus »heißen« Fotos auch eine »heiße« Story. Zum Beispiel machten sich ganz eingefleischte Leonardo-Fans im Herbst 1998 vergebliche Hoffnungen, ihr Idol ohne Hüllen zu sehen. Der Redaktion des amerikanischen Nacktmagazins *Playgirl* – die Zeitschrift ist eine Art *Playboy* für Frauen – waren Fotos zugespielt worden, auf denen DiCaprio hüllenlos zu sehen war. Eigentlich ein Volltreffer für das Blatt – nur waren die Fotos offenbar rechtlich leider nicht ganz hasenrein: Ein Paparazzo hatte die Nacktfotos heimlich aus dem Hinterhalt »geschossen«, und wegen der Veröffentlichung solcher Aufnahmen können Prominente unter bestimmten Umständen vor Gericht ziehen.

Als Leonardo DiCaprio von der Fotoserie erfuhr, reagierte er dementsprechend und veranlaßte *Playgirl* zunächst, die Bilder in der Schublade zu lassen. Kurz darauf machte die Meldung die Runde, der Schauspieler und das Magazin hätten sich außergerichtlich geeinigt – damit dürfte wohl gemeint sein, daß Leonardo der Zeitschrift die Bilder abgekauft hat oder daß er dem Blatt ein exklusives Interview zusagte.

Während DiCaprio auf diese Art recht elegant verhinderte, daß unliebsame Fotos veröffentlicht wurden, hat er auf die Verwertung anderer Schnappschüsse meist keinen Einfluß. Als in den USA Anfang September 1998 ein gewisser Adam Farrar und sein Begleiter im nächtlichen Hollywood von wartenden Pressefotografen regelrecht belagert wurden, rastete Farrar aus und bespuckte einen der Paparazzi. Sofort tauchten die Fotografen sie in ein wahres Blitzlichtgewitter und sicherten sich auch noch zahlreiche Schnappschüsse, als die herbeigerufene Polizei Farrar, inzwischen oben ohne und in Handschellen, im Streifenwagen mitnahm. Warum die Aufregung? Farrars Begleiter war Leonardo DiCaprio – die beiden sind Halbbrüder. Gegen den Abdruck dieser Fotos konnte der Filmstar nichts unternehmen, denn sie dokumentierten ja nur ein Ereignis von öffentlichem Interesse: Ein Prominenter (auch wenn er das nur durch die Verwandtschaft mit einem Prominenten ist) wird von der Polizei abgeführt. Das schien Leonardo DiCaprio an diesem Abend schon bewußt zu sein: Die Fotos, von denen zum Beispiel auch in der Illustrierten *Stern* zwei abgedruckt wurden, zeigen den Schauspieler mit leichtem Grinsen, die Schildmütze tief ins Gesicht gezogen.

Aber, keine Bange, liebe Leo-Fans: Um DiCaprio müssen wir uns deshalb keine Sorgen machen. Er weiß schon, was er unternehmen kann, um sein Image wieder aufzupolieren – ohne ihm unterstellen zu wollen, daß er Gutes nur tue, um sich in der Öffentlichkeit beliebt zu machen. Aber als die folgende Episode im August 1998 durch Presseberichte in aller Welt bekannt wurde, schadete das seinem Ansehen als überaus talentierter *good guy* ganz sicher nicht …

Die amerikanische Benefizstiftung »Make a Wish« (zu deutsch: Wünsch dir was) hatte von acht schwerkranken Mädchen Post bekommen, in denen sich die Teenager sehnlichst wünschten, ein einziges Mal ihrem Idol Leonardo DiCaprio gegenübersitzen und sich mit ihm unterhalten zu können. Die Stiftung wandte sich daraufhin an den Hollywood-Star, und DiCaprio war schnell zu einem Treffen bereit. Er lud seine acht kranken Fans ganz stilecht nach Beverly Hills ein, den Nobelvorort der US-Kinometropole Los Angeles, und führte sie zum Essen ins Filmrestaurant »Planet Hollywood« aus.

Doch die Paparazzi werden natürlich weiterhin versuchen, ihren Schnitt mit der Popularität und vor allem mit den kleinen »Skandalen« Leonardo DiCaprios und anderer Stars zu machen. Paparazzi – das Wort stammt zwar aus dem Italienischen, hat passenderweise mit dem dortigen Wort für »gierig« und »gefräßig« zu tun.

Doch längst sind Paparazzi nicht nur in Italien eine Plage für Prominente: Auf der Jagd nach dem Goldenen Schuß – nein, hier sind nicht harte Drogen, sondern harte Dollars gefragt – machen diese »Journalisten« auch vor den selbstverständlichsten Grenzen der Intimsphäre nicht halt. Im Gegenteil: Erst eine Prinzessin Stephanie mit blankem Busen am heimischen Pool oder ein Jack Nicholson im Pennerlook auf Einkaufstour bringen richtig Geld – und je makabrer die Szenerie, desto einträglicher das schmutzige Geschäft.

Als 1997 Lady Diana und ihr Freund in einem Tunnel in Paris mit dem Wagen tödlich verunglückten, waren sie von zahlreichen Paparazzi verfolgt worden. Die Polizei nahm einige der Fotografen in Gewahrsam und verhörte sie wegen einer möglichen Mitschuld am Tod des prominenten Paares. Doch ein Fotograf soll so dreist gewesen sein, daß er die sterbende Prinzessin im Autowrack fotografiert, für seinen Schnappschuß sogar ihren Kopf ein wenig zur Seite gedreht und die Bilder schließlich für ein Honorar in Millionenhöhe verkauft haben soll. Nun wartet alle Welt darauf, welches Magazin sich als erstes nicht zu schade dafür ist, mit diesem Material Geld zu machen.

Nicht nur auf so unmittelbare Weise können Sensationsreporter einer Berühmtheit schaden. Und sosehr auch Leonardo DiCaprio manchmal den Rummel um seine Person und die Möglichkeit, etwa mit ein paar knackigen Statements gleich für Schlagzeilen in der internationalen Boulevardpresse zu sorgen, zu genießen scheint – er dürfte sich der negativen Auswirkungen der Popularität durchaus bewußt sein: weniger Privatleben, eine kleinere Intimsphäre. Und durch ihre ständige Präsenz in den Medien können Stars aller Branchen auch zur Zielscheibe werden – für perverse Spinner, denen ein Attentat auf einen Promi oder die Erpressung eines VIPs den ultimativen Kick verspricht. John Lennon wurde einst auf offener Straße erschossen, und vor ein paar Jahren begründete ein Killer seine Taten damit, daß er sie aus Liebe zur US-Schauspielerin Jodie Foster begangen habe.

Auch ein Mord im Sommer 1997 wurde eine Zeitlang vor allem mit der Popularität des Opfers in Zusammenhang gebracht: Am 15. Juli 1997 wurde der weltbekannte Modedesigner Gianni Versace auf der Straße vor seiner Villa in Miami erschossen, und der Verdacht, daß unter anderem Versaces Prominenz ihn zum »lohnenden« Opfer gemacht haben könnte, sorgte auch unter den VIPs der Kinoschickeria für Unbehagen. Und die Praktiken der Paparazzi, der Sensationsfotografen, die für Zeitschriften in aller Welt regelrecht Jagd auf bekannte Gesichter machen, waren spätestens seit dem Unfalltod von Lady Diana in Verruf geraten.

Leonardo DiCaprio ging der Mordanschlag noch aus einem weiteren Grund an die Nieren: Während der Dreharbeiten zum Kostümfilm DER MANN IN DER EISERNEN MASKE in Frankreich hatte er in Paris eine Modenschau des Italieners besucht und den Designer dabei zum erstenmal auch persönlich getroffen. »Als ich die Nachricht hörte, stand ich völlig unter Schock«, verriet er kurz nach dem Tod Versaces. »Ich habe mich toll mit ihm unterhalten. Wenn ich daran denke, daß mein erster Händedruck auch mein letzter war, bekomme ich eine Gänsehaut.«

Aber ob nun die Arbeit mancher Sensationsjournalisten auf direkte oder indirekte Art einen Anteil am Tod von Lady Diana oder Gianni Versace hat oder nicht: Fast alle erfolgreichen Schauspieler oder Regisseure kennen das Gefühl, von Fotografen belauert, belagert oder gejagt zu werden – auch wenn sich viele erfolglose Schauspieler und Regisseure solche Situationen heimlich erträumen mögen. Der New Yorker Regisseur Woody Allen machte aus der reichlich komplizierten Haßliebe zwischen VIPs und Paparazzi schließlich ein Filmprojekt: Von 1997 an drehte er mit zahlreichen Hollywood-Stars in Haupt- und Nebenrollen den Film CELEBRITY, in dem auch die Methoden der Sensationsreporter ihr Fett abbekommen. Dafür durfte auch Leonardo DiCaprio seine Erfahrungen in einen Auftritt vor Allens Kamera ummünzen. Die Szene, in der er es mit einigen Fotografen zu tun bekommt: Laut Drehbuch versucht er, unbemerkt ein Café zu verlassen, wird aber doch von Paparazzi entdeckt und steht Sekunden später inmitten eines wahren Blitzlichtgewitters.

Im wirklichen Leben könnte es sich Leonardo DiCaprio sogar einfacher machen als mancher seiner Hollywood-Kollegen. Inzwischen ist nämlich ein junger Amerikaner aufgetaucht, der dem Star zum Verwechseln ähnlich sieht: Tim Hays. »Wenn ich nicht gerade Unterricht an der Modelschule nehme, jobbe ich viermal pro Woche als Barkeeper«, erzählte Hays im Frühjahr 1998. »Anfang Februar wurde eine Frau auf mich aufmerksam, informierte die Lokalzeitung – und nur wenige Tage später wurde ich auf Kosten der englischen Zeitung *The Sun* für fünf Tage nach London eingeflogen, um als Gast auf der TITANIC-Premiere dabeizusein. Prinz William hätte mir um ein Haar die Hand geschüttelt, und der echte Leo hat ganz schön dumm geguckt, als er mich sah …«

Doch auch wenn Paparazzi den echten Hollywood-Star vor der Kamera hatten: den Menschen Leonardo DiCaprio bekommen die wenigsten zu Gesicht.

DIE REICHSTEN ENTERTAINER DER WELT

Als Anfang September 1998 das amerikanische Wirtschaftsmagazin *Forbes* seine neue Rangliste mit den 40 bestverdienenden Entertainern der Welt veröffentlichte, schlug sich Leonardo DiCaprios »titanischer« Erfolg zumindest im Hinblick auf die von ihm kassierten Gagen doch deutlich weniger auf seine Einkünfte nieder als erwartet: Der Schauspieler hatte in den vergangenen zwölf Monaten »nur« 37 Millionen Dollar eingenommen.

Gut, das sicherte zweifellos zwei warme Mahlzeiten am Tag – doch im Vergleich mit den lieben Kollegen schnitt Leo damit nicht besonders gut ab. Einige Beispiele aus der *Forbes*-Liste 1998: Platz eins nahm der TV-Seriendarsteller Jerry Seinfeld (SEINFELD) ein – mit stattlichen 225 Millionen Dollar pro Jahr. Dagegen wirkt sogar Basketball-Superstar Michael Jordan wie ein armer Verwandter: Der jahrelang unangefochten die Liste der bestbezahlten Sportler anführende Ballvirtuose wurde zuletzt auf etwa 70 Millionen Dollar geschätzt. In der Geldrangliste der Show-Prominenz wäre er damit nicht einmal in die Top 5 gekommen. Hier folgten auf Seinfeld gleich auch noch der ehemalige Koproduzent der SEINFELD-Serie, Larry David (200 Millionen Dollar, Platz zwei), und danach Regisseur Steven Spielberg (175 Millionen, Platz drei).

Auch einigen TITANIC-Beteiligten mußte Leonardo DiCaprio deutlich den Vortritt lassen: Regisseur James Cameron kassierte 115 Millionen Dollar (Platz fünf) – sogar Céline Dion, die mit »My Heart Will Go on« den Titelsong des Films gesungen hatte, durfte auf ihrem Konto 55,5 Millionen Dollar verbuchen und wurde dafür von *Forbes* auf Rang zwölf geführt. Leonardo DiCaprio dagegen rangierte mit Platz 34 nur wenige Positionen vor dem Ende der Liste – hatte er sich dafür tagelang durch eiskaltes Wasser gekämpft, während Cameron und Dion im Trockenen saßen? Vielleicht hatte er ja eine solche Liste gelesen, als er sich entschied, der Oscar-Verleihung fernzubleiben, die sich schon im Vorfeld als Triumph für TITANIC abgezeichnet hatte ...

Leonardo DiCaprios Lebensstil

Das Bild, das sich die meisten Fans von Leonardo DiCaprio und anderen Filmstars machen, ist oft in kräftigen Rosatönen ausgemalt. Da liegt ein junger Mann entspannt auf seiner riesigen Terrasse in der Sonne, zu seinen Füßen ein halbes Dutzend schöner Mädchen, die ihm jeden Wunsch von den Lippen ablesen. Abends fliegt er im Privatjet mal eben nach Florida, schippert in der millionenteuren Privatyacht in Richtung Bahamas, schlürft von morgens bis abends Champagner und nimmt gelegentlich einen sündhaft teuren Cognac zu sich, weil ihm die dritte Portion Kaviar nicht bekommen ist.

Das nötige Geld für diesen Lebensstil hätte Leonardo DiCaprio tatsächlich, und wahrscheinlich liegt er irgendwann auch einmal ein paar freie Stunden lang auf der Terrasse in der Sonne. Doch ansonsten scheint der Amerikaner trotz seiner Erfolge und trotz seiner Popularität ein verhältnismäßig normaler junger Mann geblieben zu sein. Im Herbst 1997 lebte der damals 22jährige Leonardo zum Beispiel noch immer mit seiner Mutter Irmelin und ihrem Lebensgefährten zusammen – meistens jedenfalls. Die drei bewohnten ein schönes Haus in Los Feliz, einem Ort in der Nähe von Los Angeles. In Los Angeles selbst hatte der Schauspieler allerdings ebenfalls ein Apartment, das er bei Bedarf als sturmfreie Bude nutzen konnte. Und im Herbst 1998 wurden die ersten Fotos von der Traumvilla veröffentlicht, in die Leonardo DiCaprio wenige Wochen später einziehen wollte.

Alles sei aber auch weiterhin ganz normal, betont DiCaprio:

»Ich bin definitiv ein rationaler Mensch, der sehr viel nachdenkt und sich nicht so schnell von Gefühlen leiten läßt«, schätzt er sich selbst ein. »Ich habe gern die Kontrolle über das, was passiert. Das mag viele überraschen, da ich in meinen Filmen meist die gefühlsbetonten, etwas abgedrehten Typen darstelle. Aber das ist die alte Geschichte: Man sollte nie einen Schauspieler mit den Figuren verwechseln, die er spielt. Der private Leonardo hat absolut nichts mit den Typen auf der Leinwand gemein.«

Und das mag der private Leonardo:

Partys – aber bitte ohne Drogen: »Das ist etwas«, wundert sich DiCaprio, »das viele Leute gerade in einer so coolen Stadt wie Los Angeles nicht verstehen. Für die gehören in Hollywood Drogen und Partys einfach zusammen. Es verwirrt sie. Sie verstehen nicht, daß du das eine auch ohne das andere haben kannst.«

Basketball: In diesem Punkt kam die Rolle in JIM CARROLL dem Menschen Leonardo DiCaprio recht nahe – denn wie die Filmfigur Carroll ist auch der Schauspieler in seiner Freizeit ein absoluter Basketball-Freak. Bereits zu Schulzeiten hatte er jede freie Minute dribbelnd und rennend auf dem nächstbesten Hartplatz verbracht und war mit seinen Freunden auf die Körbe losgestürmt.

Sparsamkeit: Trotz der Millionen, die er mittlerweile mit seinem schauspielerischen Talent bereits verdient hat, scheint DiCaprio noch sehr sparsam, manchmal beinahe geizig mit seinem Geld umzugehen. »Ich verzichte im Hotel auf eine Cola für fünf Dollar und kaufe mir für den gleichen Preis ein Six-Pack um die Ecke«, meinte er noch im Sommer 1998.

Daß er in den zahlreichen Berichten in der internationalen Presse meistens etwas anders dargestellt wird, beeindruckt ihn offenbar nicht besonders – zumindest gibt er sich in diesem Punkt gerne cool. »Das ist mir relativ egal«, zuckte er Anfang 1998 während eines Interviews mit den Schultern. »Ich bin schließlich erst 23 Jahre alt, und ich möchte etwas von meiner Jugend haben – obwohl ich gleichzeitig Filme mache.

Spaß haben hat absolute Priorität bei mir. Aber ich weiß, wo die Grenze ist, und ich werde sie auch nicht überschreiten.«

Seine Familie

»Man darf sich um Himmels willen selbst nicht so ernst nehmen«, verriet Leonardo einmal das Rezept, trotz Millionengagen nicht die Bodenhaftung zu verlieren. »Ich glaube nicht, daß ich jemals in die Falle tappen werde, mich selbst für den Größten zu halten. Das wäre mit Sicherheit der direkte Weg in die Klapsmühle. Gott sei Dank bin ich von Menschen umgeben, die es gut mit mir meinen und denen ich vertrauen kann.«

Mum ist oft dabei – wie hier im November 1997 nach der königlichen Vorführung von TITANIC, als Leonardo sie Prinz Charles vorstellt

Damit meint er zunächst seine Familie: seine Eltern und Großmutter Helene, zu denen Leonardo DiCaprio noch heute ein gutes Verhältnis hat. Immer wieder sang er in Interviews wahre Lobeshymnen auf seine liberalen und verständnisvollen Eltern.

Mit Mutter Irmelin lebte er zuletzt noch zusammen – und mit dem getrennt von der Familie lebenden Vater George steht er ebenfalls noch in engem Kontakt. »Meine Eltern sind zwar geschieden, aber ich komme mit ihnen supergut klar. Mein Vater ist mein engster Berater, bester Freund und Vertrauter. Meine Mum kümmert sich um meine Drehbücher, Verträge und Finanzen. Bingo! Familie ist für mich lebenswichtig. Da kann ich so sein, wie ich bin.«

Und natürlich schwärmt DiCaprio häufig von seiner Großmutter Helene. Die rüstige 84jährige lebte bis 1983 mit ihrer Tochter Irmelin, Leonardos Mutter, in den Vereinigten Staaten, zog dann aber wieder zurück nach Deutschland. Inzwischen war ihr berühmter Enkel schon so oft im Ruhrgebiet, daß er einige Freundschaften schloß – und sich offenbar schon Wochen vor dem Flug nach good old Germany auf Omas deftige Küche freut: »Seit Leo zwölf ist, kommt er mich jedes Jahr für ein paar Tage in Deutschland besuchen«, erzählte seine Großmutter einmal.

Um ihr Idol einmal aus nächster Nähe sehen zu können, müßten sich deutsche Leonardo-Fans also eigentlich nur ein Jahr lang in Oer-Erkenschwick nahe Recklinghausen auf die Lauer legen – allerdings könnte es dann durchaus passieren, daß der US-Schauspieler ziemlich sauer reagiert. Denn bei seinen Abstechern nach good old Germany freut sich DiCaprio vor allem darauf, daß er ein paar ruhige (und ganz private) Tage bei seiner Großmutter verbringen kann – und sich ordentlich den Bauch mit den Speisen vollschlagen kann, die in den USA nicht gerade zur üblichen Ernährung gehören: »Er freut sich schon immer auf meine deutsche Küche«, verriet Oma Helene einmal lachend. »Richtig deftige Sachen wie Eisbein mit Sauerkraut mag er am liebsten. Leider hat er nicht die

»Oma ist eine wunderbare Zuhörerin« – meint sicher auch Prinz Charles, der hier im März 1998 bei der königlichen Premiere von DER MANN IN DER EISERNEN MASKE *mit ihr spricht*

Zeit, noch häufiger zu mir nach Deutschland zu fliegen. Deshalb besuche ich ihn, so oft es geht.«

Und manchmal ergibt sich auch durch Leonardos Filmkarriere die Möglichkeit zu einem Zusammentreffen. So lud er seine Mutter und seine Oma nach London ein, als dort die feierliche Premiere von TITANIC auf dem Programm stand. Arm in Arm mit seinen beiden »Lieblingsfrauen« schritt der Hollywood-Star strahlend durchs Blitzlichtgewitter der wartenden Fotografen und hatte für die kurzen Interviews an diesem Abend unter anderem auch ein dickes Lob für Oma Helene parat: »Ich freue mich auf die vielen langen Gespräche mit meiner Oma – sie ist eine wunderbare Zuhörerin.«

Doch die Geschichten von kreischenden Fans und lauernden Fotografen wirken auf die rüstige Dame in Erkenschwick schon ein bißchen eigenartig: »Der ganze Rummel, der jetzt um Leo gemacht wird, ist für mich unglaublich«, gab sie sich in einem Interview erstaunt. »Für mich ist er nicht der große Star in Hollywood, sondern er bleibt mein Enkel, mit dem ich auch mal schimpfen muß, weil er so wenig ißt und deshalb so dünn ist. Oder wenn er erst frühmorgens aus der Disco kommt und dann so schlampig rumläuft.«

Und natürlich wurde sie auch von einem Reporter gefragt, ob ihr denn die Filme mit ihrem kleinen Leonardo gefallen – die Antwort: »Die Szene, in der sich die beiden vorne auf dem Schiff in den Arm nehmen und auf den riesigen Ozean schauen, ist meine Lieblingsszene in TITANIC. Was mich jedoch schockiert hat, ist seine deutsche Synchronstimme. Die paßt nicht zu Leo. Er wirkt so steif. Nur eins finde ich wirklich schade, daß Leonardo am Schluß seiner Filme immer sterben muß ...«

Seine Freunde

Äußerungen wie die seiner Großmutter werden wohl auch Leonardo DiCaprio selbst zum Schmunzeln bringen. Und sie werden ihm helfen, nicht die Bodenhaftung zu verlieren – was ihm bisher, so findet er, eigentlich ganz gut gelungen ist: »Ich finde, ich bin bis jetzt noch nicht ausgeflippt, und ich glaube wirklich, daß ich mich für einen Mann in meiner Position ziemlich vernünftig verhalte. Ich schätze, es hat damit zu tun, daß ich nicht alles in meinen Job investiere. All diese Schauspieler denken, daß sie nur leben, wenn sie spielen. Ich bin glücklicher, wenn ich nicht arbeite – wenn ich mit meinen Freunden zusammen bin und das mache, was mir gefällt.«

Und das kann bedeuten, daß er mit seinen Kumpels wie ein normaler Twen durch die Gemeinde zieht – oder einfach nur herumalbert. »Meine Freunde und ich«, sagt Leonardo DiCaprio, »können einen ganzen Tag damit verbringen, nur

Schwachsinn zu erzählen. Aber wenn wir dann mal etwas Wichtiges zu sagen haben, dann fällt es viel mehr ins Gewicht.«

Auch seine Freunde bestätigen gern, daß ihr Leo im wesentlichen ein ganz normales Mitglied ihrer Clique geblieben ist: »Da draußen«, versicherte etwa der mit dem Filmstar befreundete Jonah im Frühjahr 1998, »ist er vielleicht berühmt, aber bei uns nicht. Er ist wie wir.« Und Ethan, ein weiterer Kumpel, fügte hinzu: »Er gibt sein Geld nicht für jeden Quatsch aus. Wenn er mit dem Auto unterwegs ist, sucht er lieber ewig einen Parkplatz auf der Straße, anstatt ins teure Parkhaus zu fahren.«

Inzwischen hat Leonardo DiCaprio zusätzlich zu seinen Freunden aus der Nachbarschaft seiner Wohnsitze in Los Angeles und Los Feliz auch einige Leute aus der Filmbranche näher kennengelernt. »Ich habe glücklicherweise Freunde, auf die ich mich hundertprozentig verlassen kann – sogar im Filmbusineß«, erklärte er vor einigen Monaten, und machte mit dem kleinen »sogar« nebenbei deutlich, was das normalerweise vorherrschende Gefühl zwischen Schauspielern in Hollywood ist: »Neider gibt es eine Menge.«

Ganz ohne Rivalität und Futterneid gehe es dagegen zu zwischen ihm und Kollegen wie Robert De Niro, Juliette Lewis oder Marky Mark: »Die sehe ich zwar nicht sehr oft, aber ich weiß, daß ich ihnen absolut vertrauen kann. In diesem Job ist es lebenswichtig, daß einen ein paar Leute wieder auf den Boden der Tatsachen zurückholen, sollte man einmal ausflippen.«

Bisher, das bestätigen auch die befreundeten Kollegen in Interviews immer wieder, scheint er noch nicht ausgeflippt zu sein. Claire Danes zum Beispiel, seine Filmpartnerin aus Romeo & Julia, war ganz beeindruckt: »Er ist ein sehr scheuer, oft verschlossener Mensch. Ich habe vier Monate täglich mit Leo gedreht; manchmal ist er total offen und dann wieder sehr in sich gekehrt und nachdenklich – aber das hat mich an ihm so fasziniert.«

Seine Freundinnen

»Mein Liebesleben ist gleich Null«, hatte er noch 1994 ge-
frotzelt. »Das letzte Mal war ich in einer Frau, als ich in New
York die Freiheitsstatue besucht habe.« Und auch 1995 noch
bediente Leonardo die neugierigen Journalisten geschickt
mit Geschichten vom braven Wunderknaben, der bei Mutti
lebt und nur seinen riesigen Hund (einen bulligen Rottwei-
ler) umarmt.

Daß es sich dabei tatsächlich nur um Geschichten gehandelt
hatte, stellte sich für viele Fans und Journalisten erst ein Jahr
später heraus. Am 27. Oktober 1996 kam Leonardo gemeinsam mit der hübschen Blondine Kristen Zang zur feierlichen
Premiere seines aktuellen Films ROMEO & JULIA in Mann's
Chinese Theater in Hollywood – und Kristen verriet wenig
später, daß sie schon seit etwa einem Jahr mit Leonardo liiert
sei. Zuvor, das war allerdings nur gelegentlich in Randnotizen
der Klatschpresse aufgetaucht, war Leonardo mit der damals
21jährigen Schauspielerin Kaitlin Keats befreundet gewesen.
Im Frühsommer 1997 wurde der Jungstar mit einer hübschen,
dunkelhaarigen Unbekannten gesehen – der Nachfolgerin
von Kristen? Und schließlich tauchte ein Foto aus dem Jahr
1991 auf. Es zeigt Leonardo DiCaprio, wie er seine damalige
Freundin Nicole Becher im Arm hält – und ihr mit der rechten Hand an die Brust faßt.

Natürlich wurden Leonardo DiCaprio auch Affären mit pro-
minenteren Schönheiten angedichtet. Mit Liv Tyler zum Beispiel, der Tochter von Aerosmith-Sänger Joe Tyler und seit
Bertoluccis Romanze GEFÜHL UND VERFÜHRUNG (1996)
selbst eine erfolgreiche Schauspielerin: Die beiden wurden
während der Filmfestspiele in Cannes 1997 fotografiert, als
sie Arm in Arm eine Gala besuchten – doch beide beteuerten,
daß sie nur gute Freunde seien.

Im Januar 1998 notierten die Gesellschaftsreporter, daß sich
DiCaprio inzwischen endgültig von Kristen Zang getrennt
habe und nun mit dem 24jährigen amerikanischen Top-Foto-

modell Amber Valetta zusammen sei. Doch nach wie vor gab sich der Schauspieler Reportern gegenüber eher zurückhaltend, wenn es um die Liebe ging: »Ich verliebe mich nur schwer«, klagte er Anfang 1998. »Ich bin vielleicht noch zu unreif für die Liebe – ich müßte mich voll auf eine Frau einlassen, tief in sie eintauchen. Das passiert mir einfach nicht. Ich habe leider noch nie so grandiose Gefühlsstürme erlebt, wie ich sie in meinen Filmen spiele.« Und mit der Beschreibung seiner Traumfrau im selben Interview tat er seiner aktuellen Freundin Amber auch keinen großen Gefallen: »Ich mag keine gestylten Supermodels. Ich mag Mädchen, die nett, offen und natürlich sind – und die sind in Hollywood schwer zu finden.«

Seine Zukunftspläne

Wie die weiteren Pläne des US-Schauspielers aussehen? Nach den Drehbüchern zu urteilen, die sich auf seinem Tisch immer höher stapeln, braucht Leonardo DiCaprio Arbeitslosigkeit für die nächsten 150 Jahre nicht zu fürchten. Doch immer häufiger wird sein Name nun auch im Zusammenhang mit Projekten genannt, für die er noch nicht definitiv zugesagt hatte – oder von denen er vielleicht sogar noch nicht einmal etwas wußte. Auch das darf Leonardo DiCaprio getrost als Beweis seiner gestiegenen Popularität verstehen – denn mit Namen vermeintlicher Beteiligter schmücken sich die Produzenten eines Projekts nur, wenn der Name prominent genug ist, um allein schon durch seinen Klang einige zehntausend Fans mehr an die Kinokassen zu locken.

Immerhin haben einige der Filme, mit denen DiCaprio – zu Recht oder nicht – in Verbindung gebracht wird, einigen Reiz. So hält sich zum Beispiel seit einigen Jahren auffallend hartnäckig das Gerücht von einem Projekt, das Leonardo DiCaprio tatsächlich zu einer Hollywood-Legende machen könnte – indem es ihn augenfällig mit einer anderen Hollywood-Legende in Verbindung bringt. Jahrelang war er für die Hauptrolle eines Kinofilms über den Filmstar James Dean im Gespräch, doch er zögerte: »Wenn man James Dean spielt, trägt man die ganze Last dieses Rebellenmythos mit sich herum. Ich möchte Dean aber nur als Schauspieler und als Mensch zeigen, ohne ihn zu romantisieren oder zu revolutionieren.« Ohnehin fragte sich Leonardo DiCaprio schon vor ein paar Jahren, ob er der Richtige für die Rolle des James Dean sei – zumindest die rebellische Grundhaltung, beteuerte er damals, fehle ihm völlig: »Wogegen soll ich rebellieren? Was auch immer ich anstellen würde, meine Eltern haben es schon getan. Sie sind für mich ein tolles Vorbild. So will ich auch sein: einfach glücklich, ohne den Zwang, jeden Tag die Welt erobern zu müssen.« Inzwischen ist eine Realisierung des James-Dean-Projekts sehr unwahrscheinlich geworden. Zuletzt wurde bekannt, daß Michael Mann als vorgesehener Regisseur ein paar Jahre warten wolle, bis seine unumstrittene Nummer eins für die Rolle, Leonardo DiCaprio, etwa in dem Alter wäre, in dem James Dean durch einen Autounfall ums Leben kam. Jahre warten? Daraufhin soll die Produktionsfirma die Lust an dem Projekt verloren haben. Warten wir ab, was daraus wird …

Mit dem designierten Regisseur der James-Dean-Story arbeitete Leonardo DiCaprio jedenfalls bereits zusammen: THE INSIDE MAN lautet der Arbeitstitel des Thrillers, in dem Leonardo einigen üblen Machenschaften seines (Film-)Vaters auf die Schliche kommt und nun vor einer schweren Entscheidung steht: Soll er die fiesen Intrigen verschweigen – oder seinen Vater verraten?

Außerdem schwebte Leonardo ein Filmprojekt vor, für das er mit seinem wirklichen Vater George zusammenarbeiten wollte: In der Verfilmung des Buches BOMBSHELL: THE SECRET STORY OF AMERICA'S UNKNOWN ATOMIC SPY CONSPIRACY wollte er die Hauptrolle spielen. Die Produktionsfirma Addis/Wechsler hatte die Rechte an dem Roman erworben, noch bevor das Buch überhaupt auf den Markt gekommen war. Erzählt wird die Geschichte des genialen Teenagers Theodore

Hall, der während des Zweiten Weltkriegs als damals jüngster aller beteiligten Wissenschaftler Atombomben für die USA konstruierte, darüber heimlich Informationen an die Sowjetunion weitergab und damit wohl auch für den kalten Krieg zwischen den beiden Supermächten in Ost und West mitverantwortlich war. Hall wurde erst 1995 von Journalisten als Spion enttarnt. Leonardo DiCaprio als vom US-Militär zugleich hofiertes und bedrohtes Teenie-Genie – das dürfte spannend werden. Unter anderem erwartete die Szene den Beginn der Dreharbeiten auch deshalb mit Interesse, weil Leonardos Vater George DiCaprio als einer der Produzenten mitarbeiten sollte. Doch trotz Leonardos Zusage und seiner enormen Popularität, die durch den Erfolg von TITANIC noch drastisch erhöht wurde, war auch Ende Oktober 1998 – mehr als ein Jahr nach den ersten Meldungen über das Projekt – noch kein Regisseur für den Film gefunden.

Was Ende 1997 noch als sicher galt, war schon wenige Monate oder sogar nur Wochen später schon wieder Makulatur. Nach dem immensen Erfolg von TITANIC wurde DiCaprio noch mit weiteren Filmprojekten in Verbindung gebracht – doch inzwischen erwiesen sich der Schauspieler und sein Management als immer fleißiger darin, solche Ankündigungen zu dementieren. Und so sorgte Leonardo DiCaprio im Verlauf des Jahres 1998 immer wieder für Verwirrung, wenn es um die Frage ging, in welchen Filmen er künftig zu sehen sein werde. So wurde der erfolgreiche Amerikaner unter anderem als Hauptdarsteller des Thrillers AMERICAN PSYCHO gehandelt, für den er die Rolle eines Massenmörders übernehmen sollte. Rund 21 Millionen Dollar sollen ihm als Gage angeboten worden sein, und zunächst schien DiCaprio auch äußerst interessiert. Doch dann wurde die Hauptrolle neu besetzt: Weil sie nicht mehr länger auf Leonardo DiCaprios endgültige Zusage warten wollten, sagen die Produzenten – weil er gerade keine Zeit habe, ließ der Schauspieler verlauten.

Auch für die Hauptrolle in der Verfilmung des Ernest-Hemingway-Romans IN EINEM FERNEN LAND hatte er bis Oktober 1998 noch nicht verbindlich zugesagt. Und selbst die Zusammenarbeit mit seinem Vater für die Verfilmung des BOMBSHELL-Bestsellers schien diesen Berichten zufolge nun wieder keineswegs sicher zu sein – dabei hatte er doch noch im Herbst 1997 Reportern erzählt, daß er sich gerade auf die Darstellung der BOMBSHELL-Hauptfigur Theodore Hall vorbereite, deshalb eigens ein bißchen zugenommen und sich ein paar ausgewaschene Schlabberklamotten als neues Outfit zugelegt habe. Und er hatte von der Figur Theodore Halls geradezu geschwärmt: »Hall gehört zu den einflußreichsten und schillerndsten Wissenschaftlern des 20. Jahrhunderts.«

Ende 1998 stellte sich das Kinoprogramm für DiCaprio-Fans für die kommenden Monate demnach ungefähr folgendermaßen dar:

CELEBRITY, Woody Allens Abrechnung mit Paparazzi und publicitysüchtigen Prominenten, soll im März 1999 in Deutschland anlaufen. Leonardo DiCaprio ist in einer Nebenrolle zu sehen, Kenneth Branagh spielt einen Journalisten, der als Prominentenjäger auf den schönen Schein der VIP-Szene hereinfällt.

SLAY THE DREAMER soll voraussichtlich irgendwann 1999 in die deutschen Kinos kommen. Für diesen Thriller stand er im Spätsommer 1997 mit Samuel L. Jackson vor der Kamera, der durch Quentin Tarantinos PULP FICTION einen ansehnlichen Karrieresprung geschafft hat. Der Thriller spielt in Memphis und Washington und hat die Ermordung des schwarzen Bürgerrechtlers Martin Luther King im Jahr 1968 zum Thema. Der Film basiert auf den damaligen Ermittlungsberichten zu dem spektakulären Mordfall.

DON'S PLUM – ein Film, dessen deutscher Kinostart ebenfalls vage auf 1999 angesetzt worden ist – hat Leonardo DiCaprio ebenfalls bereits abgedreht. Erste Szenen tauchten auf dem Video DAS PORTRAIT (siehe Anhang) auf, das im Oktober 1998 erschien. Schon im April 1998 hatte Leonardo DiCaprio wegen dieses Films einigen Ärger bekommen: Produzent Da-

*September 1998: Leonardo wird bei der New Yorker Premiere von
Woody Allens Film* CELEERITY *interviewt*

vid Stutman hatte ihn und einen weiteren Schauspieler auf
zehn Millionen Dollar Schadenersatz verklagt, weil sie telefo-
nisch von einigen Filmverleihern verlangt hätten, den Low-
Budget-Film nicht in ihr Programm aufzunehmen.
THE BEACH wurde von Januar 1998 an in Thailand und Au-

stralien gedreht und soll ebenfalls im Lauf des Jahres 1999 in die deutschen Kinos kommen. Erzählt wird die Geschichte eines jungen Amerikaners (Leonardo DiCaprio), der sich mit dem Rucksack nach Thailand aufmacht, um sich an einem Ort niederzulassen, der noch völlig frei von Touristen ist. Doch am versteckten Strand angekommen, stößt er auf eine Hippiesiedlung.

SNOW FALLING ON CEDARS: Die Verfilmung des gleichnamigen Bestsellerkrimis, des Erstlingsromans von David Guterson, wurde im Oktober 1998 angekündig.

THE STANFORD PRISON EXPERIMENT erzählt die wahre Geschichte einiger Stanford-Studenten, die sich 1971 zu Testzwecken ins Gefängnis stecken lassen – doch das Experiment geht schief. Auch für diesen Film wollte Leonardo DiCaprio mit seinem Vater George zusammenarbeiten.

THE MINDS OF BILLY MILLIGAN lautet der Arbeitstitel eines Films, für den Leonardo DiCaprio im Rennen um die Hauptrolle angeblich sogar einige berühmte Schauspielerkollegen wie Brad Pitt und Johnny Depp ausgestochen haben soll. Für den Film, so hieß es, habe sich DiCaprio gegen zahlreiche Konkurrenten die Titelrolle des Billy Milligan gesichert, der als Filmfigur mit verschiedenen Identitäten eine Herausforderung an die darstellerischen Qualitäten des jungen Amerikaners bedeutet.

Seine Drehbuchauswahl

»Ich hatte Glück, daß ich mich nie zu einer bestimmten Zeit auf eine bestimmte Rolle festlegen mußte«, zeigte sich Leonardo DiCaprio einmal erleichtert. »Ich habe einfach ein paar Drehbücher gelesen und fand einige Charaktere, die sehr interessant waren. Zum Beispiel Rimbaud aus TOTAL ECLIPSE oder Jim Carroll.« Danach, ob er die entsprechende Filmfigur interessant und ausreichend vielschichtig findet, wählt er auch heute noch seine Filmprojekte aus. »Ich habe diese Figuren gewählt, weil sie so viele Dimensionen haben. Sie sind nicht so facettenlos wie andere Figuren. Es gibt so vieles in diesen Rollen, was ich zum Leben erwecken kann. Das ist der Hauptgrund, warum ich mich für einen Charakter, den ich spiele, entscheide.«

Bisher bewies er im allgemeinen ein gutes Gespür in der Auswahl seiner Rollen. Und am nötigen Selbstbewußtsein, auch schwierige Aufgaben anzunehmen, fehlt es ihm dabei ebensowenig wie an Rollenangeboten. Kein Wunder, schließlich wird der junge Amerikaner ausnahmslos mit Lob überschüttet, seit er mit THIS BOY'S LIFE einen ersten großen Erfolg feiern durfte. Offenbar geht mit dem Schauspieler Leonardo DiCaprio nur ein Mensch hart ins Gericht: Leonardo DiCaprio selbst. »Ich sage mir jeden Tag, daß ich mittelmäßig bin«, erklärte er einmal. »Und wenn ich meine Filme sehe, fallen mir stets nur endlos viele Fehler auf. Ich habe sicher noch einen langen Weg vor mir und werde mich nie auf die Komplimente anderer Leute verlassen.«

Private Träume

Soweit die beruflichen Pläne – doch die Entwicklung seines Privatlebens, das läßt er in Interviews immer wieder durchblicken, erscheint ihm weit wichtiger. »Ich freue mich schon darauf, zu heiraten und Kinder zu haben«, gab er zum Beispiel 1998 zu. Und schränkte gleich wieder ein: »Aber noch nicht im Moment …« Und dann wieder ganz romantisch: »Irgendwo auf dieser Welt gibt es ein Mädchen, mit dem ich den Rest meines Lebens verbringen werde. Bloß weiß ich noch nicht, wer sie ist.« Hach, TITANIC läßt grüßen …

Doch ob er seiner großen Liebe nun in absehbarer Zeit begegnen wird oder nicht: das Leben zu genießen steht ganz oben auf der Wunschliste des Leonardo DiCaprio. »Leben«, sagt er, »heißt für mich, das zu tun, was man tun will – und zwar auf seine ganz persönliche Art und Weise. Ich bin kein religiöser Mensch, also denke ich, wenn man tot ist, ist man tot. Folglich will ich das Leben vor dem Tod bis zur letzten

Sekunde auskosten.« Leben und Tod – sind das nicht etwas düstere Themen für einen lebenshungrigen, lebenslustigen Mittzwanziger, dem alle Türen offenzustehen scheinen? Steckt womöglich ein ordentlicher Romeo in diesem US-Schauspieler? »Ich denke an nichts Bestimmtes«, wiegelt er zu diesem Thema gerne ab. »Nur soviel ist klar: Ich will das Leben vor dem Tod bis zur letzten Sekunde auskosten. Es ist noch gar nicht solange her, da ist mein Opa gestorben – das war ein echter Schock für mich. Obwohl ich erst 23 Jahre alt bin, habe ich Angst vor dem Tod. Ich würde gern für immer leben. Früher habe ich gedacht, daß ich alles erleben muß. Ich wollte immer jedes Land der Erde bereisen, viele berühmte Menschen kennenlernen, so viele unterschiedliche Erfahrungen wie möglich machen. Aber in letzer Zeit denke ich oft an das, was mir mein Vater einmal gesagt hat: ›Solange du jeden Morgen aufstehen kannst und die Sonne am Himmel steht, solange kannst du dich am Leben freuen.‹«

Kein Zweifel: Wenn er das wirklich begriffen hat, ist er schon weit erwachsener, als das für einen Filmstar von noch nicht einmal 25 Jahren zu erwarten ist.

Anhang

Leonardos Rollen

Nicht nur in abendfüllenden Spielfilmen war Leonardo Di-Caprio zu sehen. So wurde er zum Beispiel deutschen Fernsehzuschauern als Luke Brower in der amerikanischen TV-Serie UNSER LAUTES HEIM bekannt, und er war in einer Neuauflage der TV-Serie LASSIE zu sehen. Auch in dem Kurzfilm THE FOOT SHOOTING PARTY (USA 1994, 27 Minuten, Regie: Annette Haywood-Carter) übernahm er eine Rolle. Zum internationalen Topstar wurde er allerdings durch seine Kinofilme.

CRITTERS III (1991)
Originaltitel: CRITTERS III
Regie: Kristine Peterson. Mit Leonardo DiCaprio als Josh. In weiteren Rollen: Aimee Brooks (Annie), John Calvin (Clifford), Christian Cousins (Johnny), Nina Axelrod (Betty Briggs) und William Dennis Hunt (Briggs).

POISON IVY – TÖDLICHE UMARMUNG (1992)
Originaltitel: POISON IVY
Regie: Katt Shea Ruben. Mit Leonardo DiCaprio in einer kleinen Nebenrolle als Straßenjunge. In weiteren Rollen: Drew Barrymore (Ivy), Sara Gilbert (Sylvie Cooper), Tom Skerritt (David Cooper) und Cheryl Ladd (Georgie Cooper).

THIS BOY'S LIFE (1993)
Originaltitel: THIS BOY'S LIFE
Regie: Michael Caton-Jones. Mit Leonardo DiCaprio als Toby. In weiteren Rollen: Robert De Niro (Dwight), Ellen Barkin (Caroline), Jonah Blechman (Arthur Gayle), Eliza Dushku (Pearl) und Chris Cooper (Roy).

GILBERT GRAPE – IRGENDWO IN IOWA (1993)

Originaltitel: WHAT'S EATING GILBERT GRAPE?

Regie: Lasse Hallström. Mit Leonardo DiCaprio als Arnie Grape. In weiteren Rollen: Johnny Depp (Gilbert Grape), Juliette Lewis (Beckie), Mary Steenburgen (Betty Carver), Darlene Cates (Mutter Grape) und Mary Kate Schellhardt (Ellen Grape).

SCHNELLER ALS DER TOD (1994)

Originaltitel: THE QUICK AND THE DEAD

Regie: Sam Raimi. Mit Leonardo DiCaprio als Kid. In weiteren Rollen: Sharon Stone (Ellen), Gene Hackman (John Herod), Russell Crowe (Cort), Lance Henriksen (Ace Hanlon) und Gary Sinise (Marshall).

JIM CARROLL – IN DEN STRASSEN VON NEW YORK (1995)

Originaltitel: THE BASKETBALL DIARIES

Regie: Scott Kalvert. Mit Leonardo DiCaprio als Jim Carroll. In weiteren Rollen: Mark Wahlberg (Mickey) und James Madio (Pedro).

TOTAL ECLIPSE (1995)

Originaltitel: TOTAL ECLIPSE

Regie: Agnieszka Holland. Mit Leonardo DiCaprio als Arthur Rimbaud. In weiteren Rollen: David Thewlis (Paul Verlaine), Romane Bohringer (Mathilde Verlaine) und Dominique Blanc (Isabelle Rimbaud).

MARVINS TÖCHTER (1996)

Originaltitel: MARVIN'S ROOM

Regie: Jerry Zaks. Mit Leonardo DiCaprio als Hank. In weiteren Rollen: Diane Keaton (Bessie), Meryl Streep (Lee), Robert De Niro (Dr. Wally) und Hume Cronyn (Marvin).

ROMEO & JULIA (1996)

Originaltitel: WILLIAM SHAKESPEARE'S ROMEO & JULIET

Regie: Baz Luhrmann. Mit Leonardo DiCaprio als Romeo. In weiteren Rollen: Claire Danes (Julia), Brian Dennehy (Ted Montague), John Leguizamo (Tybalt), Pete Postlethwaite (Pater Laurence), Paul Sorvino (Fulgencio Capulet) und Diane Venora (Gloria Capulet).

TITANIC (1997)

Originaltitel: TITANIC

Regie: John Cameron. Mit Leonardo DiCaprio als Jack Dawson. In weiteren Rollen: Kate Winslet (Rose DeWitt Bukater), Bill Paxton (Brock Lovett), Billy Zane (Cal Hockley), Kathy Bates (Molly Brown), Frances Fisher (Ruth DeWitt Bukater) und Eric Braeden (John Jacob Astor).

DER MANN IN DER EISERNEN MASKE (1998)

Originaltitel: THE MAN IN THE IRON MASK

Regie: Randall Wallace. Mit Leonardo DiCaprio als König Ludwig XIV. und als dessen Zwillingsbruder Philippe. In weiteren Rollen: Jeremy Irons (Aramis), John Malkovich (Athos), Gérard Depardieu (Porthos), Gabriel Byrne (d'Artagnan), Judith Godrèche (Christine) und Anne Parillaud (Königin Anne).

CELEBRITY (1998)

Originaltitel: CELEBRITY

Regie: Woody Allen. Mit Leonardo DiCaprio als Brandon Darrow. In weiteren Rollen: Kenneth Branagh (Lee Simon), Hank Azaria (David), Judy Davis (Robin Simon), Melanie Griffith (Nicole Oliver) und Famke Janssen (Bonnie).

Leonardo DiCaprio auf Video

Inzwischen sind bis einschließlich DER MANN IN DER EISERNEN MASKE alle abendfüllenden Spielfilme mit Leonardo DiCaprio auf Video erhältlich. Es gibt aber außerdem auch Videos, die den US-Star porträtieren, Interviews mit ihm enthalten und die Fans ein bißchen hinter die Kulissen blicken lassen. Zwei solche Videos sind im Oktober 1998 erschienen:

LEONARDO DICAPRIO – DAS PORTRAIT
(EuroVideo, ca. 50 Minuten Laufzeit, ca. 20 Mark)
Dieses Porträt des US-Schauspielers konzentriert sich stark auf den Rummel rund um den Erfolgsfilm TITANIC. In Interviewszenen plaudert er unter anderem über die schwierigen Produktionsbedingungen des Streifens; ein Filmbericht über die Weltpremiere von TITANIC und der Mitschnitt seiner Rede anläßlich der Verleihung der MTV Movie Awards runden das Video ab. Als besonderen Leckerbissen enthält das Band außerdem Ausschnitte aus Leonardo DiCaprios neuem Film DON'S PLUM.

TO LEO … WITH LOVE
(VCL, ca. 45 Minuten Laufzeit, ca. 15 Mark)
Eine Dreiviertelstunde lang bejubelt dieses Video den amerikanischen Jungstar und läßt auch Kollegen des Schauspielers für ausführliche Lobeshymnen zu Wort kommen. Nichts für eine kritische Auseinandersetzung mit dem Hollywood-Helden, dennoch durchaus lohnend für Fans des Filmstars.

Zitate

Leonardo DiCaprio über den Begriff Star

»Wen interessiert es schon, ein Star zu sein? Jeder kann das: ein paar Lagen Make-up, ein witziges Musikvideo.«

Leonardo DiCaprio und seine Haltung zu Drogen

»Natürlich treffe ich Kollegen, die zu schnell zu viel leben wollen und fast ausgebrannt sind. Doch in die Drogenfalle gerät man erst durch Ignoranz und Neugier: Ist Heroinkonsum wirklich das beste Gefühl auf der Welt? Kann schon sein, aber ich weiß auch, daß es mein Leben ruinieren würde, und deshalb gerate ich gar nicht erst in Versuchung.«

Leonardo DiCaprio über sein Talent

»Ich bin nicht der Typ Schauspieler, der eine Woche auf der Straßen leben muß, um seine Rolle gut zu spielen. Wenn es etwas gibt, worin ich gut bin, dann, daß ich Typen spielen kann, ohne deren Erfahrung zu haben. Mir reicht es schon, darüber zu lesen, dann kann ich es fühlen. Das geht bei mir ganz schnell.«

Leonardo DiCaprio über seinen Umgang mit dem Ruhm

»Ich fühle mich so losgelöst von all dem Zeug, was mit meiner öffentlichen Figur zu tun hat. Das gibt mir wirklich das Gefühl, zwei verschiedene Persönlichkeiten zu besitzen. Die öffentliche Person ist, was ich höre und sehe, aber sie ist nicht Realität für mich. Realität ist nur meine private Person. Manchmal muß man aufpassen, daß man die beiden nicht miteinander verwechselt. Und die Leute erwarten, daß man ein ganz bestimmter Typ ist, der man privat gar nicht sein kann.«

Leonardo DiCaprio zum Thema Fanpost

»Früher habe ich jeden Brief selbst beantwortet, aber seit einiger Zeit ist das einfach zuviel. Das schaffe ich nicht mehr alleine. Wenn meine Oma Helene aus Deutschland mich in Los Angeles besucht, liest sie mir nicht nur aus meiner Fanpost vor, sondern hilft mir auch, den einen oder anderen Brief an meine deutschen Fans zu schreiben.«

Leonardo DiCaprio und die Mädchen

»Ich mag intelligente Girls mit einer netten Persönlichkeit, die lustig und hübsch sind. Jede, die mit mir zusammen ist, muß mir meine Freiheit lassen. Ich möchte mit jemandem zusammen sein, der Charakter und Stil hat und auch sehr verständnisvoll ist.«

Register